HOTEL

【動画付き】

ホテルの日本語

心で伝える接遇コミュニケーション

林千賀
羽鳥美有紀
齋藤貢

OMOTENASHI

ask

はじめに

『ホテルの日本語』は、将来、ホテルなど宿泊業に就きたいと考える全ての人を対象としておりますので、幅広い学習者にお使いいただくことができます。したがって、日本語の母語話者と非母語話者が同じ教室環境で学ぶこともでき、ホテル日本語の授業として学ぶこともできます。最近、日本語学習者の需要もあり、日本語教育は、一般的な日本語教育だけでなく、ホテル、看護、介護など職業別の日本語教育が実践されるようになり、多様化が進んでいます。このテキストは日本語能力試験N３程度、あるいは、CEFRのB１程度あれば、十分に学べるテキストとなっています。それは、ホテル日本語は定型表現（フレーズ）も多く、文法項目も限られているからです。暗記だけに頼ることはよくありませんが、まずは、会話文をしっかりマスターし、何がおもてなしに通じるか、理解していただけたらと思います。

このテキストでは、お客さまをお迎えするところからお客さまを見送るところまでを第１課から第８課にまとめています。また、各課の「業務の流れ」、「会話文」、「ポイント」、「スタッフの声」は、実際にホテルに長年、従事するホテルマンたちにロールプレイやインタビュー、アンケートなどの調査を行い、その結果をこの本にまとめました。

最後にこのテキストを作成するにあたって、ご協力いただきました東京マリオットホテル宿泊部マネージャーの柘植次朗様をはじめ、ホテルスタッフの皆様、映像撮影にご協力くださいました駿台トラベル＆ホテル専門学校様と城西国際大学（紀尾井町キャンパス）に感謝申し上げます。そしてアスク出版の堤凛衣様には企画・編集で大変お世話になりました。この場をお借りして御礼申し上げます。

2023年12月

林　千賀
羽鳥　美有紀
齋藤　貢

目次

学ぶ前に

このページの訳はこちら→

1.「おもてなしの日本語」

「おもてなしの日本語」とは、「『人間関係構築』『心配り』『相手を思う心』『迅速な応対』『寄り添う心』『柔軟な応対』『誠実な心』の7つの心を理解し、その心を日本語表現として使いこなしてコミュニケーションすること」です。

人間関係構築：お客さまと良好な関係を築きあげるためのコミュニケーション
心配り：お客さまのことを考えて行動すること
相手を思う心：お客様のことを思いやる心、察する心
迅速な応対：早く正確に応対すること
寄り添う心：お客さまの心に寄り添い耳を傾けること、共感すること
柔軟な応対：提案や代替案などで臨機応変に応対すること
誠実な心：嘘をつかず、お客さまに理解してもらうために誠実に努力すること

おもてなしの心
人間関係構築
心配り
相手を思う心
迅速な応対
寄り添う心
柔軟な応対
誠実な心

2.〈会話のヒント〉：「意味機能」

このテキストでは、会話文やフレーズを単なる暗記ではなく、文や節の意味的なまとまりの単位のことを指す「意味機能」で学びます。例えば、「大変申し訳ありませんでした」の「意味機能」は「謝罪」、「ありがとうございました」の「意味機能」は「感謝」と言います。本書で扱う「意味機能」は、全部で21種類あります。この21種類のどれかを組み合わせることで、場面に合わせた表現を作ることができます。

例 行動報告 ＋断りの 前置き ＋ 断り ＋ 謝罪 のパターンの場合：

(1)「お待たせいたしました。あいにく、満室でございます。申し訳ございません。」
行動報告 ＋ 断りの 前置き ＋ 断り ＋ 謝罪

(2)「お待たせいたしました。あいにく、この商品は在庫がございません。申し訳ございません。」
行動報告 ＋ 断りの 前置き ＋ 断り ＋ 謝罪

(3)「お待たせいたしました。あいにく、本日の予約はいっぱいでございます。申し訳ございません。」
行動報告 ＋ 断りの 前置き ＋ 断り ＋ 謝罪

いずれも発話場面や状況は異なりますが、「確認した後、お客さまの要望に応えられない旨を伝える」という誠実な応対であることは同じです。このように「意味機能」をパターンで学ぶことで、お客さまの要望に応えられない旨を伝えるときに、どのような応対をすればいいかを学んでいきます。本書では「意味機能」を 行動表明 、情報提供 、前置き などと書きます。それぞれの「意味機能」は、「見てみましょう」のポイントで説明されていますが、まとめて概観していきましょう。

学習者の皆さんへ

このページの訳はこちら➡ 

このテキストでは、ホテルで働くために必要となる日本語表現を業種や場面ごとに学びます。また、ホテル業務の理解を深めるために、さまざまなホテルスタッフの業務内容も紹介しています。

そして、語彙や文法の暗記ではなく、意味のまとまりで学ぶことで、あらゆる場面でも対応できる日本語表現を作ることができます。わからない語彙は調べたり、巻末にある語彙リストを活用してください。

〈構成〉

全部で８つの課があります。実際にお客さまがホテルに来てチェックインするところからチェックアウトするまでの流れにそった設定となっています。そして、その場面ごとで関わるスタッフの職種に合わせた内容となっています。各課の構成は次の通りです。

課のはじめ	課のテーマ／can-do（到達目標）
【テーマ】	課のテーマに関わるスタッフの職種についてと業務紹介
【考えましょう】 ＊解答・翻訳付	課のテーマの理解を深めるために自分だったらどうするのか考えましょう。
【見てみましょう】 ＊解答・会話の翻訳付	課のテーマにそった会話文です。映像がありますので、映像を見る前と後でクラスメートとディスカッションをしましょう。
【ここがポイント!】	文型と意味機能をそれぞれ理解しましょう。
【基本練習】 ＊解答付	「おもてなしのフレーズ」は音声を聞いて、発音に気をつけながら練習しましょう。ペアで練習するときは、おじぎや動作も含めて練習するといいでしょう。
【応用練習】 ＊解答付	【見てみましょう】で示された会話文を「会話のヒント」を見ながらペアで練習しましょう。そして、ペアワークの様子を録画して、ポートフォリオを作成してみましょう。
【確認チェック】	課の終わりに何ができるようになったか確認しましょう。
【おもてなしの基本マナー】	接客の基本となる非言語コミュニケーションの紹介
【コラム】	ホテルで働くスタッフの本当の体験談です。その話を読んで、ディスカッションしましょう。

意味機能一覧

機能	意味	用例
あいさつ	接客で必要なあいさつのフレーズの総称	「いらっしゃいませ」「おはようございます」「どうぞよろしくお願いします」「失礼いたします」
理由	お客さまの要望にすぐに応えられないときなど、お客さまに負担をかける前の理由。「お願い」や「謝罪」の前か後に使う	お願いの前の理由：「お調べいたしますので、(少々お待ちください)」「手続きをいたしますので、(少々お待ちください)」 謝罪の前の理由：「不快な思いをさせてしまい、(申し訳ございません)」「ご迷惑をおかけし、(申し訳ございませんでした)」
お願い	お客さまへの依頼表現	「少々お待ちください」「こちらのエレベーターをご利用ください」
行動報告	スタッフがした行動を伝えること	「お待たせいたしました」「お調べいたしました」「手続きが完了いたしました」
呼びかけ	お客さまを呼ぶとき、「お客さま」や「○○様」と言う。お客さまの名前がわかるときは、お客さまの名前で呼ぶことが「おもてなし」	「お客さま」「田中様」(名前は名字を使います)
行動表明 ＊すぐに＋	スタッフがこれからする行動の表明。「すぐに」や「ただいま」をつけると迅速な応対になる	「ご案内いたします」「お待ちしております」「確認いたします」「お呼びいたします」 ＊すぐに＋行動表明＝迅速な応対「すぐに確認してお電話いたします」
情報提供	お客さまに詳しい情報を伝えること お客さまに提案をしたときなど、それについて詳しく説明すること	「こちらが搭乗券でございます」「地下1階でございます」「ご利用いただけます」
感謝	感謝の気持ちを伝えること	「どうもありがとうございました」「貴重なご意見をありがとうございました」
謝罪	謝ること	「大変申し訳ございません」「申し訳ございません」 深く謝罪：「大変申し訳ございませんでした」「この度は、誠に申し訳ございませんでした」
条件提示	「～ば」、「～たら」、「～と」、「～なら」などの表現	「何かわからないことがございましたら」「公園のほうですと」
確認	お客さまの要望や情報を聞くときの確認。許可を求める確認。お客さまの要望がより具体的になるまで確認を重ねることでお客さまの心に近づくことができる	「どちらのほうに行かれますか」「どのようなお食事がよろしいでしょうか」「お探しの方はどなたでしょうか」「出発までどのくらいお時間がございますか」
承知	スタッフが理解したことを伝える表現	「かしこまりました」「承知しました」「承知いたしました」

機能	意味	用例
トピック	はじめに、何について話しているかを明確にするためにトピックを提示してから会話を始める	「お座席ですが、」「お部屋ですが、」
誘導	お客さまを目的地までお連れするとき、指し示したりして非言語行動で誘導	「こちらへどうぞ」「ご案内します」などと言い、方向を指し示し誘導する。非言語行動
提案	お客さまに提案をする。少なくとも2つ以上の提案を出し、お客さまに選んでもらうことが大切	「もしよろしければ、ご案内いたしましょうか」「タクシーで5分ぐらいのところにございますが」「もしよろしければ」と一言添える
EQ (Echo Question)	エコークエスチョンをEQと言う。お客さまの発言を復唱して確認	「4名様ですね」「田中様ですね」
うかがい	提案や代案をした後にお客さまの気持ちを聞くための伺い。また、お客さまに案内した内容についての感想を聞くときも過去形にしてうかがう（傾聴のうかがい）	「いかがですか」「いかがでしたか」 傾聴のうかがい：「何かございましたか」
共感	「お客さまの話を聞いている」、「共感している」というサインを送る表現。このテキストでは、これを共感と呼ぶ。お客さまから意見や感想、不満や指摘を受けたときにも、「あなたの気持ちがわかりますよ」と伝えるおもてなしのフレーズ	「そうですか」「そうでしたか」「さようでございましたか」
断り	情報提供の文で断る。お客さまの要望にそえないとき、「謝罪」「前置き」を添えて断る	「あいにくお客さまの便はキャンセルとなっております。申し訳ございません」 「あいにく在庫がございません。申し訳ございません」
代案	代替案を代案と言う	「セミダブルのお部屋ならご用意できますが、いかがでしょうか」
前置き（クッション言葉）	お願いや提案、代案、断りなどの前につく表現	一歩進んだ応対のときの提案の前置き：「もしよろしければ～」 提案・代案の前置き：「それでしたら、」「もしよろしかったら、」（2つ目の代案の前置き：「もしくは、」） お願いの前置き：「もしよろしければ、」、お願いの前置き：（お客さまへのお願いの負担が大きいと感じるとき）：「恐れ入りますが、」「すみませんが、」 断りの前置き：「申し訳ございませんが、」「あいにく」 伺いの前置き：「申し訳ございませんが、」

このテキストをお使いになる先生へ

　このテキストは、将来宿泊業に就きたいと考えるすべての人を対象としています（会話文の場面はすべてホテルの設定となっています）。また、接客で必要とされる「おもてなし」とはどのようなものかを理解し、言語表現を学ぶことですぐに実践できるようになります。

　また、このテキストには、最初に「はじまる前に」があります（ダウンロード）。敬語や接遇コミュニケーションを練習してみましょう。

＊教師用資料や補助教材（「はじまる前に」、エクストラの会話文）などはWEBからダウンロードすることができます。

https://www.ask-books.com/jp/hotelnonihongo/

＊日本語学習者であれば日本語能力試験N3（CEFR B1）レベルから十分に学ぶことができます。

テキストの特徴

● 実際に現場で「使える」会話文

テキスト内の会話文やコラムはすべてホテル勤務従事者から抽出したものであるため、実態に即した教材となっています。

● 意味機能の組み合わせを学び、異なる場面でも応用できる

節や文ごとに意味機能に名称をつけ、これらを組み合わせて使うことを学びます。この方法を身につけることで、会話文を応用して、さまざまな場面でお客さまの対応ができるようになっています。
以下の例は、それぞれレストランとホテルで場面は異なるものの、どちらも意味機能は情報提供です。
（例１）場面：レストラン「2名様でご予約をいただいております」
（例２）場面：ホテル　　「ツインルーム1泊でご予約いただいております」
つまり、情報提供の意味機能を理解すれば、どんな場面でも応用して使うことができるのです。このことによって、会話文を単なる暗記に頼るのではなく、意味機能の組み合わせを覚えることで、学習者が自ら考え、表現を作り出すことができるようになります。意味機能の名称は、最初は覚えにくいかもしれませんが、同じ意味機能が何度も繰り返し使用されていますので、課が進むにつれ、徐々に理解が進むでしょう。したがって、最初の課から意味機能を導入していくことをおすすめします。

＊「意味機能」とは、節や文のまとまりに、そのはたらきを示す名称を付与した総称のことを指します。語用論や言語行為の意味公式からヒントを得ていますが、学習者にわかりやすく工夫したため、オリジナルの点も多く、ここでは言語行為の意味公式とは区別して使っています。

● 「おもてなしの心」が表現できるようになる

宿泊業だけではなく、すべての職業で「おもてなしの心」が大切です。おもてなしの心といっても、何をどのように表現するのか最初は理解し難いでしょう。本テキストでは、言語表現のみだけでなく、非言語コミュニケーションも紹介しています。実際お客さまとコミュニケーションをとるときには、身振り手振りも重要です。各会話文には映像があり、それらを確認することができます。また、接客場面でよく使われる言葉を「おもてなしのフレーズ」とし、正しい発音が身につくように音声も確認することができます。課の最後の応用練習は、ペア活動となっています。正しいイントネーションで、身振り手振りを加えた一連の会話の流れをぜひ録画し、ポートフォリオを作成してみてください。録画したものを客観的に見ることで、新たな気づきも出てくることでしょう。

＊「おもてなしの心」をしっかりと身につけるテキストとして、『おもてなしの日本語 心で伝える接遇コミュニケーション 基本編』（2020年初版）がすでに出版されています。

● 到達目標をしっかりと意識づけできる

各課のはじめには到達目標（Can-do）を示し、最後にそれらができるようになったのか、チェックするようになっています。また、課の最後には「確認チェック」があり、具体的に何ができるようになって、何ができないのかを確認することができます。できないところがある場合は、再度戻って復習し、理解を深めましょう。学習者自身が到達目標を意識することが大切です。

構成と概要

課	タイトル	学ぶこと
1	お出迎え （ドアマン）	ドアマンの業務の流れを理解する ホテルの入り口でお客さまを出迎え、フロントまで案内する
2	チェックイン （フロント）	チェックイン時のフロントの業務を理解する フロントでお客さまをお迎えし、チェックイン業務を行う
3	案内と誘導 （ベルスタッフ）	ベルスタッフ業務の流れを理解する フロントでお客さまをお迎えし、お部屋まで誘導する
4	ハウスキーピング （ハウスキーパー／客室係）	ハウスキーパーの業務の流れを理解する お客さまの要望に迅速に対応する
5	ルームサービス （ルームサービススタッフ）	ルームサービスの業務の流れを理解する 注文を受けて料理を届ける
6	対応 （コンシェルジュ）	コンシェルジュの業務の流れを理解する お客さまの要望に丁寧に対応する
7	チェックアウト （フロント）	チェックアウト時のフロントの業務を理解する フロントでチェックアウト業務をし、お客さまをお見送りする
8	クレーム対応	クレーム対応の流れを理解する クレームに対し誠実に応対し、お客さまに満足してもらう

巻末

◆〈主な業務〉〈業務の流れ〉〈会話〉訳
◆おもてなしのフレーズチェックリスト
◆語彙リスト

別冊

◆**解答**

・考えましょう
・見てみましょう
・基本練習
・応用練習

凡例　Usage guide／凡例／Hướng dẫn

N　名詞（noun／名词／danh từ）

NP　名詞句（noun phrase／名词句／cụm danh từ）

V　動詞（verb／动词／động từ）

V-ます　ます形の語幹
（word stem of verb masu form／动词ます形 ます形的词干／V- ます từ gốc của thể ます）

V-する　する動詞（Ⅲグループの動詞）の「する」をとった形
（suru verb (group III verb) form with する removed／「する」动词 三类动词去掉「する」／V- する Hình thức lấy "する" của động từ する (Động từ nhóm III)）

尊敬形　（honorific form／敬语／hình thức kính ngữ）

丁寧形　（polite form／礼貌语／hình thức lịch sự）

丁寧体　（polite style／礼貌体／thể lịch sự）

 お客さま（customer, guest／客人／khách）

 スタッフ（staff, staff member／工作人员，服务员／nhân viên）

敬語早見表　Honorific Quick Reference Table／敬语一览表／Bảng tra nhanh kính ngữ

尊敬語	辞書形	謙譲語
なさいます	します	いたします
召しあがります	食べます	いただきます
いらっしゃいます	来ます	参ります
いらっしゃいます	行きます	参ります
いらっしゃいます	います	おります
ご覧になります	見ます	拝見します

■お客さまへお願いするときの表現

①お＋V-~~ます~~＋ください

待つ➡お待ちください	取る➡お取りください	進む➡お進みください
かける➡おかけください	座る➡お座りください	使う➡お使いください

②ご+V-~~する~~+ください

記入する➡ご記入ください	確認する➡ご確認ください	利用する➡ご利用ください

お+V-~~ます~~+いただけますか

待つ➡お待ちいただけますか	取る➡お取りいただけますか	進む➡お進みいただけますか

③ご+V-~~する~~（Ⅲグループの動詞）+いただけますか

記入する ➡ご記入いただけますか	確認する ➡ご確認いただけますか	利用する ➡ご利用いただけますか

＊「確認する」、「記入する」、「利用する」などの動詞（V-する）は、お客さまのする行動について「ご」がつきます。
＊二重敬語になる場合もありますが、接客場面では、習慣的によく使われることが多いです。

スタッフ側がする行動表明

①お+V-~~ます~~+いたします

探す➡お探しいたします	取る➡お取りいたします	調べる➡お調べいたします

②ご+V-~~する~~（Ⅲグループの動詞）+いたします

案内する ➡ご案内いたします	報告する ➡ご報告いたします	＊電話する ➡お電話いたします
確認する ➡確認いたします	記入する ➡記入いたします	利用する ➡利用いたします

＊「確認する」、「記入する」、「利用する」などの動詞は、スタッフのする行動について「ご」がつきませんが「連絡する」「案内する」「報告する」などの動詞には「ご」がつきます。「電話する」には和語なので「お」がつきます。
＊二重敬語になる場合もありますが、接客場面では、習慣的によく使われることが多いです。

N（名詞）

お+和語： お電話番号、お部屋、お座席、お食事、お手洗い、お電話、お財布、お名前、お時間、お荷物、お履物、お召し物、お勘定、お席、お食事券、お手回り品

ご+漢語： ご住所、ご記入、ご予約、ご署名、ご案内、ご宿泊、ご利用

VからNへ： お返し、お預かり、お預け、お使い、お取り扱い、お尋ね

映像について　About the videos／关于影片／Về hình ảnh

● QRコードを読み取ると、その課の見本会話を映像で見ることができます。

Scan the QR code to see the videos of sample conversations for the section.

扫描二维码,可以看到这个部分的视频。

Có thể xem video các đoạn hội thoại mẫu của bài học đó bằng cách đọc mã QR.

会話① 〈お客さまを迎える〉お客さまが自分でフロントに来た場合

フロント：いらっしゃいませ。[おじぎ]

お客さま：予約してある小川ですが。

フロント：小川様ですね。(1)恐れ入りますが、お名前をフルネームでお伺いしてもよろしいでしょうか。

お客さま：小川ちえです。

フロント：小川ちえ様ですね。(2)お待ちしておりました。おもてなしホテルにお越しいただきまして、誠にありがとうございます。

● PCからは、下記のサイトからみることができます。

For PC users, the videos of sample conversations can be accessed on the following website.

用电脑可以浏览下面的网站。

Có thể xem từ trang web dưới đây bằng máy tính.

https://www.ask-books.com/jp/hotelnonihongo/

音声について　About the audios／关于音频／Về âm thanh

● 音声は以下からダウンロードできます。Apple Podcast・Spotify に対応しています。

You can download audio from the link below. Compatible with Apple Podcast and Spotify.

语音可以从以下链接下载。也可以在Apple Podcast 和Spotify 中收听。

Có thể tải file âm thanh ở dưới đây. Chúng tôi đáp ứng Apple Podcast và Spotify.

https://www.ask-books.com/jp/hotelnonihongo/ 

第1課

お出迎え（ドアマン）

Can-do

- □ ドアマンの業務の流れを理解することができる。
- □ ホテルの入り口でお客さまを出迎え、フロントまで案内することができる。

第1課　お出迎え（ドアマン）

第1課は、ドアマンのお出迎えです。ドアマンはお客さまが最初に出会い、そして最後に接するスタッフです。ホテルの第一印象がドアマンで決まると言ってもいいでしょう。そのために、どのようなお客さまにも対応できるよう、幅広いスキルを身につけておく必要があります。特に、語学力、グローバルなマナーは必須です。

ドアマンは基本的にホテルの正面玄関でお客さまを笑顔で迎えます。車で到着された場合は車の誘導、宿泊のお客さまはベルスタッフやフロントレセプションに引き継ぐなど、お客さまに合わせた案内をスムーズに行う判断力も必要です。また、天候に関係なく外での仕事になるので、常に体調管理をしっかりしましょう。

Section 1 handles welcoming guests of the doorman. The doorman is the first and last staff member encountered by every guest. It is fair to say that the first impression created by a hotel is determined by its doorman. It therefore requires a wide range of skills to be able to handle any type of guest. In particular, language skills and international manners are essential.
The principal duty of the doorman is to greet guests at the hotel's main entrance with a smile. Doormen also need to be able to exercise good judgment in smoothly guiding guests according to their needs, such as leading in the vehicles they arrive in and passing off staying guests to bellhops or reception. They also need to be in good physical condition as they will be working outside regardless of the weather.

第1课介绍"门童"的迎送客人。门童是客人最先和最后接触到的工作人员。可以说门童决定了客人对酒店的第一印象。这就要求门童具备广泛的技能，以确保能够与任何类型的客人打交道。语言能力和全球礼仪尤其必要。
门童基本是在酒店正面大门微笑迎接客人。车辆到达时引导车辆，将入住的客人交给行李员或前台接待人员等，为了能够按照每位客人的需求顺利地进行引导，良好的判断能力也是必不可少的。此外，由于门童在任何天气条件下都在室外工作，因此平常应管理好自己的身体健康状况。

Công việc được đề cập đến trong bài 1 là việc tiếp đón khách của nhân viên trực cửa (doorman). Nhân viên trực cửa là nhân viên gặp khách đầu tiên và cũng là người cuối cùng tiếp xúc với khách. Có thể nói rằng ấn tượng đầu tiên về khách sạn được quyết định bởi nhân viên trực cửa. Vì thế, cần phải trau dồi kỹ năng toàn diện để có thể đáp ứng mọi khách hàng. Đặc biệt là khả năng ngoại ngữ và tác phong toàn cầu là rất cần thiết.
Nhân viên trực cửa về cơ bản là luôn tươi cười đứng đón khách tại cổng chính của khách sạn. Nhân viên trực cần phải có một năng lực phán đoán để tiến hành những phương án hướng dẫn phù hợp với khách hàng như trường hợp khách đến bằng ô tô, thì nhân viên trực cửa sẽ phải điều tiết xe, với những khách trọ lại khách sạn, nhân viên trực cửa sẽ hướng dẫn họ đến bộ phận nhân viên hành lý và bộ phận lễ tân v.v.... Ngoài ra, vì phải làm việc bên ngoài bất kể điều kiện thời tiết như thế nào, nên bạn phải luôn chăm sóc sức khỏe thật tốt.

主な業務

- お客さまの出迎え／見送り
- 荷物の積み降ろし
- 車の誘導
- タクシーやハイヤーの手配
- 館内外の案内
- 周辺の警備

ドアマン業務の流れ

- 宿泊のお客さま（自家用車の場合）

①玄関前で下車できるように誘導する
②お客さまの名前を確認し、荷物を降ろす
（お客さま到着の連絡をフロントにし、荷物をベルスタッフに引き継ぐ）
③駐車場を案内する

- 団体のお客さまの到着（バスの場合）

①事前に到着予定時刻がわかっていることが多いので、その時間に荷物を運ぶワゴンを準備し、ベルスタッフもすぐに対応できるようにしておく
②バスの誘導
お客さまの降車や荷降ろしに時間を要するので、玄関正面には停車せずその前後できちんとスペースが確保できる安全な場所に誘導する
③到着したことをすぐにフロントに連絡し、ベルスタッフと協力し、お客さまを中へと案内する

考えましょう

1. ホテルに来るお客さまはどのような目的のお客さまがいますか。

2. ホテルスタッフとして、どのような身だしなみ*がいいと思いますか。

▷見てみましょう

見る前に話し合いましょう

1 ドアマンは、お客さまが到着したら、何と言って迎えますか。

2 お客さまをフロントデスクに案内するとき、何と言って案内すると思いますか。

▷ 01

会話① 〈お出迎え〉 ドアマンがお客さまを出迎える*

ドアマン：(1)こんにちは、[笑顔] いらっしゃいませ。[笑顔] [おじぎ]

(2)お客さま、ご案内申し上げますか。

お客さま：はい、お願いします。宿泊なんですけど。

ドアマン：(3)かしこまりました。

(2)お客さま、(4)フロントデスクへご案内いたしますので、おかばんをお預かりいたします。

お客さま：じゃあ、こっちの荷物と……。あ、これもお願いします。

ドアマン：(5)承知いたしました。

見た後で確認しましょう

1 お客さまを出迎えるとき、何と言って挨拶しますか。

2 お客さまの要望に対して承知したとき、何と言いますか。

3 フロントデスクに案内する前に何を言いますか。

見る前に話し合いましょう

1 お客さまを迎えたら、ドアマンは、チェックイン業務がしやすいように、何をしておきますか。

2 フロントまで誘導した後、最後にお客さまに何を言うと思いますか。

▷ 02

会話② 〈フロントまで誘導〉名前を聞き、お客さまをフロントまで誘導する

ドアマン：(6)恐れ入りますが、ご予約のお名前を 承 ります。
お客さま：小川です。
ドアマン：(7)小川様ですね。ありがとうございます。
(8)それでは、フロントまでご案内いたします。どうぞ。
［と言ってフロントまで誘導。そして名前をフロントに伝える］
［ドアマン➡フロント係に「ご宿泊の小川様でございます」］
ドアマン：(9)それでは、小川様、ごゆっくりお過ごしくださいませ。
(10)失礼いたします。［おじぎ］
お客さま：ありがとう。［チェックインが始まる］

見た後で確認しましょう

1 前置きして、お客さまの名前を伺うとき、何と言いますか。

2 お客さまの名前を確認した後、感謝の言葉を伝えるとき、何と言いますか。

3 お客さまを誘導する前の行動表明は何と言いますか。

4 フロントデスクまでの案内が終わった後の挨拶は、何と言いますか。

ここがポイント!

会話① 〈お出迎え〉

ポイント1

車寄せ*でお客さまを出迎える挨拶

こんにちは、［笑顔］**いらっしゃいませ。**［笑顔］［おじぎ］

あいさつ ＋ あいさつ

お客さまにこのように挨拶しましょう。このとき、笑顔で声をかけることやおじぎ（敬礼→p.24）をすることを忘れないようにしましょう。この挨拶がホテルの第一印象になりますので、十分に気をつけましょう。車寄せでお客さまを迎えるときは、車でいらっしゃったお客さま、宿泊のお客さま、レストランを利用するお客さまなど用途*はさまざま*ですが、挨拶の大切さは変わらないので、表情や声のトーン*にも注意しましょう。

ポイント2

車寄せでお客さまに声をかけ、何の用か確認する

お客さま、ご案内申し上げますか。

呼びかけ ＋ 確認

「お客さま」と呼びかけたうえで*、宿泊か宴会*か食事の利用か**確認**することが大切です。このように「ご案内申し上げますか」と曖昧*にしておくと全ての用途に対応した言い方になります。その他「お客さま、お手伝い申し上げますか」などもいいでしょう。車の場合、車種*でどのようなお客さまか、ある程度予測することができます。ベルスタッフやフロント係と連携をとる*ことが重要です。

ポイント3

お客さまの要望に対して承知したことを伝える

かしこまりました。

承知

お客さまの要望に対しては、まずは、**承知**したことを伝えることが大切です。その他、「承知いたしました」などの表現があります。

ポイント4

フロントデスクに誘導する前の案内とお客さまのかばんを預かる表明

フロントデスクへご案内いたしますので、おかばんをお預かりいたします。

理由 ＋ 行動表明

スタッフがこれから何をするのかお客さまに伝えることを**行動表明**と呼びます。これは、丁寧さにつながります。このとき、単に*カバンを持つと言うだけでなく、なぜカバンを持つのかその**理由**を述べて*から**行動表明**を言うと、もっと丁寧になります。そのときは、「ご＋V-~~する~~＋いたす」「お＋V-~~ます~~形＋いたす」の文型を使いましょう。その他、「ご連絡いたします」、「ご紹介いたします」、「お取りいたします」「お調べいたします」などあります。よく使う文型ですので、しっかり練習しておきましょう。それから、トラブル*回避*のため、荷物が複数*個ある場合は、「おかばん、お2つでございますね」などと、個数を確認した方が確か*です。

ポイント 5

お客さまの要望に対して承知したことを伝える

承知いたしました。

承知

「かしこまりました」同様*、お客さまの要望に対して承知したことを伝えるおもてなしのフレーズです。お客さまから何か頼まれたら 、このように承知したことを伝えましょう。

会話② 〈フロントまで誘導〉

ポイント 6

前置きをしてからお客さまの名前を聞く

恐れ入りますが、ご予約のお名前を 承 ります。

前置き ＋ 行動表明 ：フレーズ

お客さまに名前を聞いたり、書いたりしてもらうという負担をかける*ときは、このように「恐れ入りますが」とクッション言葉*の 前置き を言っておくといいでしょう。これは、「申し訳ございませんが」と同じ意味で、前置きしてから言うことでお客さまへの負担に対して配慮する*ことができ、心配りを示します。そして、「お名前」のほか、「お電話番号」「ご住所」などの表現も覚えておきましょう。

ポイント 7

お客さまの名前を復唱し確認した後、感謝の言葉を伝える

小川様ですね。 ありがとうございます。

EQ ➡ 感謝 ：フレーズ

名前は間違えやすいので、EQ（復唱）で確認した方が良いです。日本人の名字は、「山内（やまうち）、山口（やまぐち）」「山崎（やまさき、やまざき）」「佐藤（さとう）、斉藤（さいとう）」など聞き取り*にくく、間違えやすいです。名前は必ず*、EQ（復唱）して確認して間違えがないようにしましょう。もし、聞き取れなかったら、「大変、申し訳ございませんが、もう一度、お名前を伺ってもよろしいでしょうか」と言って聞き返します*。そしてスタッフに返答して*くれたことについて 感謝 を述べることが丁寧な応対につながります。また、名前を聞いた後は、ベルスタッフやフロント係と連携を取り合い、情報交換*をすることが重要*です。通常*ドアマン対応のホテルでは、インカム*を運用して*おり、ベルスタッフからフロントに中継されて*います。名前はフルネーム*で聞いておくと、フロントでも事前にレジストレーション・カード*を用意できるなどスムーズな運用ができます。何よりフロントで再度*名前を聞くのは場合によっては*失礼に当たります*。

※インカムとは、フロントスタッフとドアマンをつなぐイヤホンマイクのことです。

ポイント 8

お客さまを誘導する前の表明

それでは、フロントまでご案内いたします。どうぞ。

前置き ＋ 行動表明：フレーズ ＋ 誘導

まず、「それでは」と前置きしてから「フロントまでご案内します」と言って誘導します。名前を聞いたので次に何をするか言う前の前置きです。行動表明は、単に「どうぞ」と言って誘導するのではなく、これからドアマンが何をするのか言うことでお客さまがどこへ連れていかれるのか、よくわかり丁寧さが伝わります*。

ポイント 9

案内が終わった後の挨拶。失礼するときの挨拶

それでは、小川様、ごゆっくりお過ごしくださいませ。

前置き ＋ 呼びかけ ＋ あいさつ：フレーズ

ドアマンがフロントまでお客さまを誘導しました。フロント係に引き継いだ*ので、お客さまに「それでは、小川様」と言って呼びかけ、あいさつの言葉を言います。名前を聞いた後は、「お客さま」ではなく名前で呼ぶようにしましょう。お客さまも名前で呼ばれることで覚えてくれている、丁寧に対応してくれていると思い、いい「おもてなし」につながります*。また、「ごゆっくりお過ごしください」はご案内が終わった後に言う挨拶です。「お過ごしください」は、「お＋V-~~ます~~形＋ください」「ご＋V-~~する~~＋ください」の文型*です。接客*では、この文型をよく使いますので覚えておくといいでしょう。この文型でよく使う表現は、「お使いください」、「お取りください」、「お持ちください」「ご記入ください」「ご確認ください」などありますので、よく練習しておくとよいでしょう。

ポイント 10

お客さまとのやりとりが終了したことを伝える挨拶

失礼いたします。［おじぎ］

あいさつ：フレーズ

お客さまとの話が終わったことを伝えるときの挨拶です。話しおわった後や呼びかけるとき、「失礼します」と言います。部屋に入るときもこのフレーズを言います。

基本練習

1. 音声を聞いて、おもてなしのフレーズを練習しましょう。🔊01

① こんにちは　② いらっしゃいませ　③ かしこまりました
④ 承知いたしました　⑤ 恐れ入りますが　⑥ ごゆっくりお過ごしくださいませ
⑦ 失礼いたします

2. 次の表現は①～⑥のどの意味機能のパターンか、（　）に記号を書きましょう。
また意味機能と場面の正しいペアを線で結びましょう。

a. それでは、フロントまでご案内いたします。どうぞ。
b. それでは、小川様、ごゆっくりお過ごしくださいませ。失礼いたします。
c. 小川ちえ様ですね。ありがとうございます。
d. 恐れ入りますが、ご予約のお名前を承ります。
e. お客さま、ご案内申し上げますか。
f. フロントデスクへご案内いたしますので、おかばんをお預かりいたします。

意味機能		場面
①（　）EQ（確認）➡ 感謝	・	・お客さまの案内が終わったとき
②（　）前置き＋行動表明＋誘導	・	・お客さまの名前を伺うとき
③（　）前置き＋呼びかけ＋あいさつ ➡ あいさつ	・	・お客さまの名前を確認するとき
④（　）前置き＋行動表明	・	・お客さまに声をかけるとき
⑤（　）理由 ➡ 行動表明	・	・お客さまを誘導するとき
⑥（　）呼びかけ＋確認	・	・お客さまを案内するとき

3. お客さまとスタッフでペアになって問題2の意味機能を見ながら表現を練習しましょう。
この課の動画を見て、おじぎや手の動きなども注意して練習しましょう。

4. お客さまを案内する練習をしましょう。

例 お客さま、［フロントデスク］へご案内いたしますので、［おかばんをお預かりいたします］。
（呼びかけ）（理由）（行動表明）

① 部屋／スーツケースを預かる
② タクシー乗り場／お手回り品*を持つ
③ 席／上着*を預かる*

5. クラスの人の名前を聞いて、確認をしましょう。

例 スタッフ：恐れ入りますが、ご予約のお名前を 承 ります。
前置き　行動表明

お客さま：[小川] です。

スタッフ：[小川] 様ですね。ありがとうございます。
EQ（確認）　感謝

① お客さまの名前 [　　　　　　　　　　]

② お客さまの名前 [　　　　　　　　　　]

③ お客さまの名前 [　　　　　　　　　　]

④ お客さまの名前 [　　　　　　　　　　]

6. 実際に動きながらペアで誘導の練習をしましょう。

例 それでは、[フロント] までご案内いたします。どうぞ。
前置き　行動表明　誘導

① 部屋

② コンシェルジュデスク

③ ジム

7. ペアやグループで、お客さまを誘導するときに気をつける点について話し合いましょう。

例 お客さまとの距離、かばんの持ち方など

8. 次のような場面では、どのように言いますか。意味機能を見ながら言いましょう。

	場面	意味機能
①	お客さまの要望を承知したことを伝える	承知
②	お客さまの名前をもらう	前置き ＋ 行動表明
③	お客さまを誘導する	前置き ＋ 行動表明 ➡ 誘導
④	お客さまの名前を確認する	EQ（確認）＋ 感謝
⑤	案内が終わったときの挨拶をする	前置き ＋ 呼びかけ ＋ あいさつ ＋ あいさつ

応用練習

スタッフ：あなたはおもてなしホテルのスタッフです。宿泊のお客さまが来ました。失礼のないように応対しましょう。

お客さま：あなたはホテルに到着したところです。スタッフに情報を伝えましょう。

会話のヒント

スタッフ　お客さま

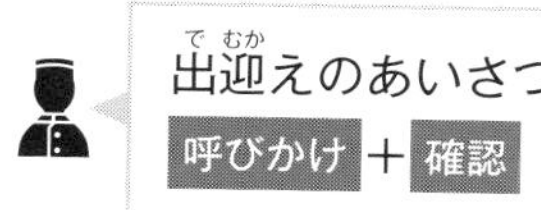

情報提供

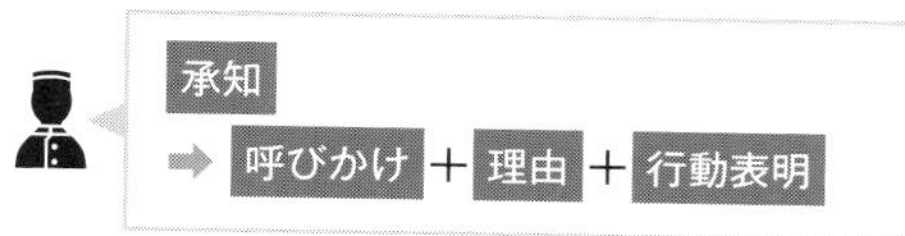

情報提供

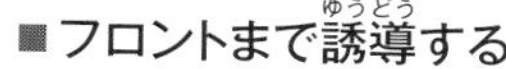

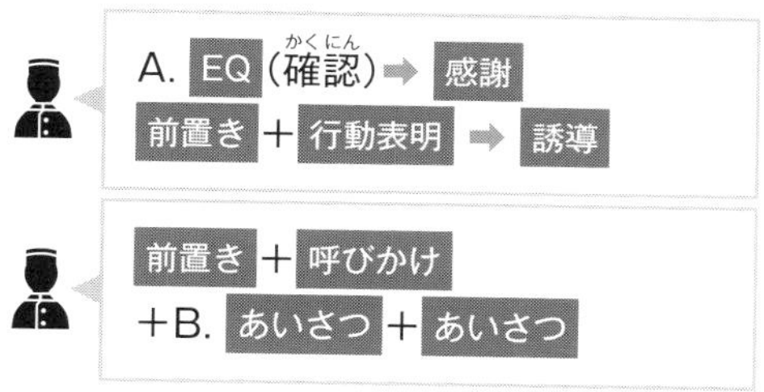

① A. 山本雄太
　B. ごゆっくりおくつろぎ*くださいませ

② A. マイク・スミス
　B. ごゆっくりお休みくださいませ

③ 自由に考えて話しましょう

④ 録画してポートフォリオを作りましょう

確認チェック

1. □ ドアマンの業務をある程度、理解することができた。
2. □ 車寄せでお客さまを出迎える挨拶を言うことができる。
3. □ 車寄せでお客さまに声をかけ、何の用か確認することができる。
4. □ お客さまの要望に対して承知したことを伝えることができる。
5. □ フロントデスクに誘導する前の案内とかばんを預かる表明が言える。
6. □ 前置きしてからお客さまの名前を伺うことができる。
7. □ お客さまの名前を復唱し確認した後、感謝の言葉を伝えることができる。
8. □ お客さまを誘導する前の表明を言うことができる。
9. □ ドアマンの案内が終わった後の挨拶と失礼するときの挨拶が言える。

おもてなしの基本マナー

おじぎ

おじぎには、会釈、敬礼、最敬礼があります。それぞれ、敬意の度合いや状況によって使い分けます。頭を下げる度合いは、その人の気持ちの深さを表します。

ポイント

頭を上げるときは、下げるときよりもゆっくり行うと美しいおじぎになります。頭を下げて、一度止め、それから上げると動作にメリハリがつきます。

会釈

敬礼

最敬礼

コラム ドアマンの声

ドアマンの仕事は「ホテルの顔」です。第一印象がとても大事だと先輩*からよく言われます。ですから「いらっしゃいませ」という挨拶を大切にしています。そして、よくホテルに来るお客さまの顔をよく覚えておかなければなりません。お客さまが来たら「〇〇様、いらっしゃいませ」と名前で呼ぶといい印象を持ってくれます。

あるとき、一年前に来たお客さまがまたホテルに来ました。お客さまのことを覚えていたので、「いつもご利用ありがとうございます」と挨拶をしました。そうしたら、「私たちは目立つ*客ではないのによく覚えていてくれた！」と感動されました*。実は、去年奥様*がかぶっていた帽子をそのお客さまの特徴*としてメモしていました*。服装*や髪型*、会話などに特徴がない場合は、何か一つでも気づいたことをメモしておくようにしています。また、すぐに「あのお客さまがいらっしゃった」とわかるように、車の名前やナンバーも覚えておきます。そうすると、ベルスタッフやフロントにもスムーズ*に案内できます。

それから、お客さまの荷物を預かるときは、問題がおきないようにするために、荷物の数を確かめて*、「お荷物タグ*」を渡します。また、「お荷物」という言葉を使わないで、代わりに「おかばん」や「お手回り品」と呼ぶホテルもあります。

ドアマンがいるホテルの入り口*は、結婚式*やレストラン、宿泊をする客だけではありません。待ち合わせ*の場所として使う人など、いろいろな目的でホテルに来る人がいるということをわかっていなければなりません。また、車のナンバーの読み間違いなどしないよう、忙しいときでもあわてず*、落ち着いて*、仕事をしていくことが大切です。

ディスカッションポイント

1. お客さまに喜んでいただくために、一度、いらっしゃったお客さまのことをよく覚えておくことが大切ですが、そのために何をしますか。コラムを読んで話し合いましょう。

2. お客さまの荷物を預かるとき、注意しなければならない*ことは何でしょうか。コラムを読んで話し合いましょう。

Can-doチェック!

☐ ドアマンの業務の流れを理解することができる。
☐ ホテルの入り口でお客さまを出迎え、フロントまで案内することができる。

ホテルのことば

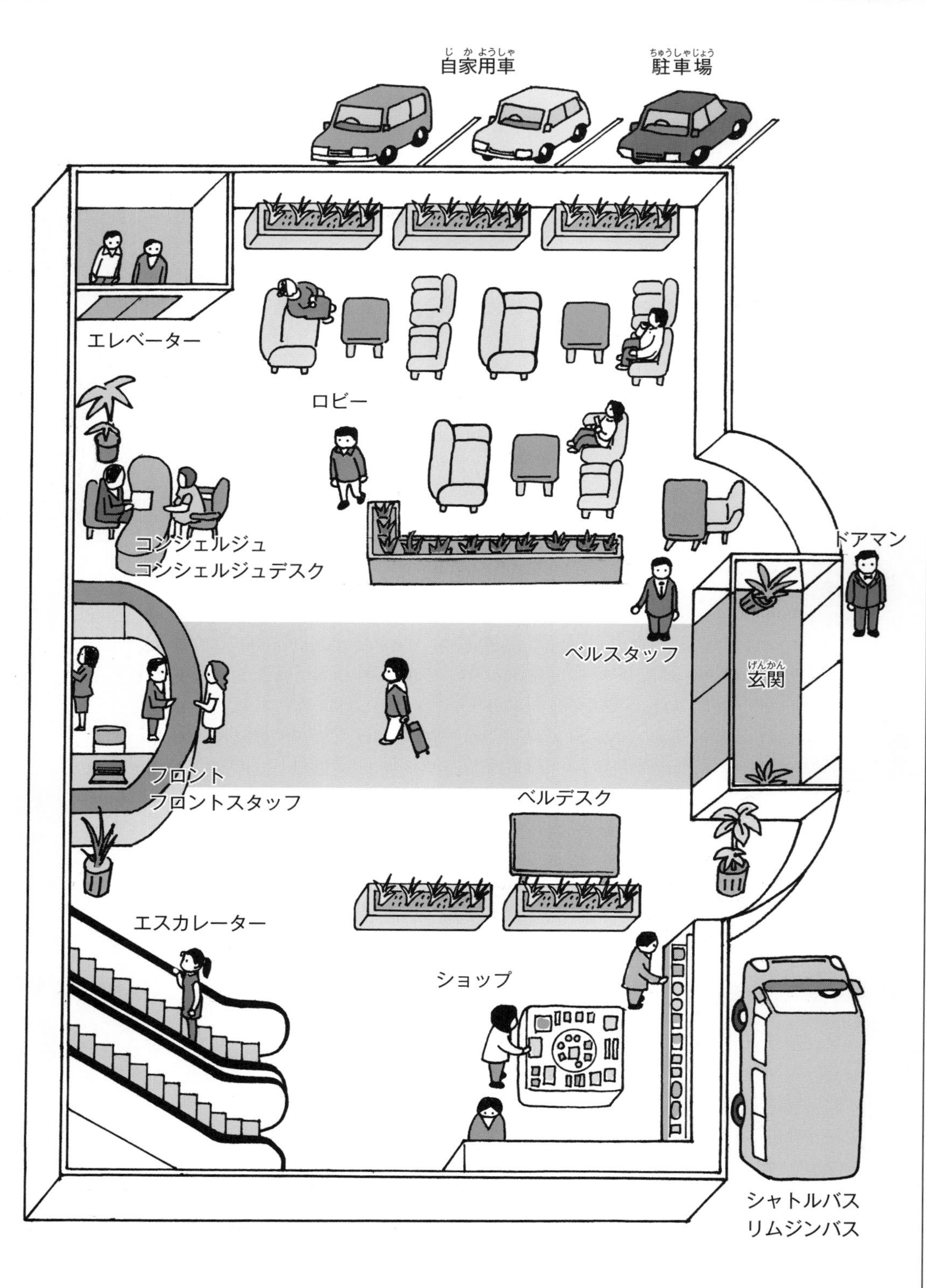
自家用車
駐車場
エレベーター
ロビー
コンシェルジュ
コンシェルジュデスク
ドアマン
ベルスタッフ
玄関
フロント
フロントスタッフ
ベルデスク
エスカレーター
ショップ
シャトルバス
リムジンバス

第2課

チェックイン（フロント）

Can-do

□フロントの業務の流れを理解することができる。

□フロントでお客さまをお迎えし、チェックイン業務ができる。

第2課　チェックイン（フロント）

第2課は、フロントのチェックインです。フロントデスクで、宿泊のお客さまの応対、チェックイン、チェックアウトの手続きをします。フロントはお客さまと直接会話をすることになりますので、ホテル全体の評価が決まると言ってもいいでしょう。そのために、表情や身だしなみ、挨拶などに気をつけ、おもてなしの心を持って応対しましょう。

またフロントは、ホテル内の中心的な役割を担っています。お客さまの情報を他部署や関連セクションと共有し、必要に応じて指示を出します。宿泊のお客さまに限らず、レストラン利用のお客さまや仕事で利用するお客さまなど、全てのお客さまの問い合わせに対応をしなければなりません。基本的なマニュアルはあってもマニュアル通りに対応できないこともありますので、臨機応変さと、柔軟な判断力が必要です。

Section 2 handles check-in of the reception staff. At reception, guests are greeted, checked in, and checked out. Since reception staff will talk directly with guests, it is fair to say that exchanges with them will determine the reputation of the hotel as a whole. To this end, they must pay attention to such aspects as facial expressions, grooming, and greetings, and always respond with a spirit of hospitality.
Reception staff also play a central role in the hotel as a whole. They must share information about guests with other departments and sections, and issue instructions as required. They must respond to inquiries from all guests; not only those staying overnight, but also restaurant patrons, business patrons, and others. Even with a manual, it may not always be possible to follow it to the letter. Resourcefulness and flexible judgment are necessary.

第 2 课介绍“前台”的办理入住。前台负责接待入住的客人，以及办理入住和退房手续。前台/接待处直接与客人对话，因此可以说决定了客人对酒店的整体评价。为此，要注意表情、个人仪容和问候寒暄等，以款待之心接待客人。
而且前台/接待处在酒店里还发挥着核心作用。与其他部门和科室共享客人的信息，并在必要时发出指示。必须处理所有客人的咨询，不仅包括入住的客人，还包括在餐厅用餐的客人和因公前来酒店的客人。即使有基本的手册，也会有无法按照手册应对的情况，因此需要具有随机应变和灵活判断的能力。

Công việc được đề cập đến trong bài 2 đó là thủ tục nhận phòng của nhân viên Lễ tân. Nhân viên lễ tân sẽ tiếp đón khách, làm các thủ tục như nhận phòng, trả phòng tại quầy lễ tân. Nhân viên lễ tân sẽ là người tiếp chuyện trực tiếp với khách, vì thế có thể nói rằng họ là người quyết định cho việc đánh giá tổng thể về khách sạn. Vì lẽ đó, cần phải chú ý đến biểu cảm nét mặt, diện mạo, cách chào hỏi, phải luôn thể hiện sự hiếu khách trong việc săn sóc khách hàng.
Ngoài ra, lễ tân còn đóng vai trò trung tâm trong khách sạn. Nhân viên lễ tân phải chia sẻ thông tin khách với các phòng ban và bộ phận khác, khi cần thiết, sẽ đưa ra hướng dẫn. Nhân viên lễ tân cần phải săn sóc không chỉ riêng khách trọ lại khách sạn mà cả những khách sử dụng nhà hàng, và khách đến làm việc. Cho dù có hướng dẫn cơ bản đi nữa, nhưng cũng có những lúc không thể xử lý được theo đúng như hướng dẫn nên cần phải có sự ứng biến và năng lực phán đoán linh hoạt.

主な業務

- 来客者の対応
- 宿泊予約／キャンセル／変更手続き
- チェックイン
  （ルームチェンジ、ルーミング（部屋割り）、宿泊日数／料金の変更など）
- チェックアウト
- 忘れ物や遺失物の取り扱い
- 関連セクションへの連絡
  （お客さまの情報共有）
- キャッシャー
  （宿泊・飲食料金の精算、外貨両替、貴重品の保管など）
  ※キャッシャーはレセプション業務と兼務することもあります
- 電話対応

チェックイン業務の流れ

①予約の確認（フルネームで確認、確認項目を復唱することが大切）
②レジストレーション・カードをお客さまに記入してもらう ➡ 宿泊登録
③ルームキーの作成 ➡ お客さまへ説明をし、案内（朝食券などがあれば一緒に渡す）
④お客さまへの郵便物や伝言などを確認し、お伝えする
⑤ベルスタッフに引き継いで部屋まで案内してもらう
※宿泊施設によっては、宿泊料金の精算が前払いのところもあります
※ルーミング（ルーム・アサインメント）
➡お客さまの予約や条件などに応じて、適切な部屋を割り振り、部屋を決めること

考えましょう

ルーミング（部屋割り）は、お客さまの立場に立ち、快適に過ごしてもらうためにとても重要です。チェックイン手続きという限られた時間の中で対応しなければなりません。的確な判断力が求められます。そのうえで、以下のようなお客さまが来た場合、どのような点に気をつけてルーミングをしますか。

1. 車椅子を利用しているお客さま

2. 新婚旅行で宿泊するお客さま

3. 女性のお客さま1名

▷見てみましょう

見る前に話し合いましょう

1 お客さまがフロントに来たとき、まず、何と言いますか。

2 お客さまの名前を聞いたとき、名前の確認をしますが、どうしてですか。

▷03

会話① 〈お客さまを迎える〉お客さまが自分でフロントに来た場合

フロント：いらっしゃいませ。[おじぎ]

お客さま：予約してある小川ですが。

フロント：小川様ですね。(1)恐れ入りますが、お名前をフルネームでお伺いしてもよろしいでしょうか。

お客さま：小川ちえです。

フロント：小川ちえ様ですね。(2)お待ちしておりました。おもてなしホテルにお越しいただきまして、誠にありがとうございます。

見た後で確認しましょう

1 お客さまの名前を聞くときの前置きは、何でしたか。言ってみましょう。

2 お客さまを待っていたことを伝え、お客さまを迎えるときのフレーズ（あいさつ）は何でしたか。言ってみましょう。

見る前に話し合いましょう

1 レジストレーション・カードに署名*をもらうとき、どのような動作*に気をつけなければなりませんか。例えば、お客さまの名前、住所、電話番号を書いてもらうとき、どうしますか。

2 予約を確認するとき、お客さまにはどんなことを伝えますか。

▷ 04

会話② 〈客室情報〉お客さまの情報をいただき、客室の予約状況*を伝える

フロント：［ご署名をいただく欄*を指し示して*］(3)恐れ入りますが、［指しながら*］こちらにお名前、ご住所、お電話番号をご記入ください。差し支えなければ*、お連れ様*のお名前もお願いします。

お客さま：はい。

［記入*後］

フロント：［確認後］ありがとうございます。(4)小川様。本日より、1泊、2名様、デラックスツインルーム*のお部屋でご予約いただいております。

見た後で確認しましょう

1 署名をもらう欄を指し示すとき、どのようにしますか。p.112を参考にやってみましょう。

2 「1泊、2名、ツインルーム」の予約が入っています。予約状況をお客さまに伝えるときは、何と言いますか。言ってみましょう。

見る前に話し合いましょう

1 お客さまにルームキー*を渡すときには、何を伝えるべきだと思いますか。言ってみましょう。

2 お客さまの部屋を案内するときは、部屋までの行き方を伝えますが、何と言うと思いますか。言ってみましょう。

▷ 05

会話③ 〈客室の案内と完了の挨拶〉ルームキーのお渡しと部屋の案内、チェックイン完了の挨拶

フロント：(5)小川様、大変お待たせいたしました。こちらがルームキーでございます。お部屋は7階のこちらのお部屋でございます。(6)明日のチェックアウトの時間は１１時でございます。(7)小川様、チェックインの手続き*は以上*でございます。(8)何かご不明な点*はございますでしょうか。

お客さま：いいえ。

フロント：ありがとうございます。
(9)お部屋へはあちらのエレベーターをご利用くださいませ*。

お客さま：はい、わかりました。

スタッフ：(10)どうぞごゆっくりお過ごしくださいませ。[おじぎ]

見た後で確認しましょう

1 お客さまにルームキーを渡した後、不明な点がないか聞くとき、何と言いましたか。言ってみましょう。

2 チェックインの手続きが終わり、部屋への行き方を伝えた後、最後に何と言いましたか。言ってみましょう。

ここがポイント！

会話① 〈お客さまを迎える〉

ポイント1

前置きを言ってからお客さまの名前をフルネームで聞く

恐れ入りますが、お名前をフルネームでお伺いしてもよろしいでしょうか。

前置き ＋ 許可を求める 確認 ：～ても＋よろしいでしょうか：フレーズ

お客さまに許可*を求める*場合、「お＋V-~~ます~~形＋しても＋よろしいでしょうか」というと丁寧な形になります*。「恐れ入りますが」とクッション言葉の 前置き をするとより丁寧な応対になります。ただ、ドアマンがすでに*名前を聞いている場合は情報を共有すべき*で、フロントでもう一度聞くと失礼になることがあるので注意しましょう。

ポイント2

お客さまを待っていたことを伝え、お客さまを迎えるときの挨拶

お待ちしておりました。 **おもてなしホテルにお越しいただきまして、**

行動報告 ➡ 理由

誠にありがとうございます。

＋ 感謝 ：フレーズ

お客さまを迎えたときのフレーズです。このパターン（行動報告 ➡（理由＋感謝））で覚えておくと便利です。お客さまの名前を確認したら、待っていたことを伝え、感謝する理由を述べてから感謝の気持ちを伝えましょう。

会話② 〈客室情報〉

ポイント3

署名してもらう欄を指し示しながら、お客さまの情報を聞く

恐れ入りますが、［指しながら］**こちらにお名前、ご住所、お電話番号を**

前置き ＋ お願い ：フレーズ

ご記入ください。 **差し支えなければ、お連れ様のお名前もお願いします。**

➡ 前置き ＋ お願い

お客さまの情報を聞くときは、まず、クッション言葉の 前置き をして、記入してもらう箇所*を指で指し示しながら（→p.112）、お願い をします。そして、お連れ様の名前を聞くときは「差し支えなければ」と 前置き してから お願い をします。「問題なければ」と同じような意味で、お客さまは名前を書くかどうか、どちらかを選択する*ことができます。スタッフではなくお客さまに選んでもらうことで丁寧度*が上がり、心配りにつながります。接客業*では、常にお客さまがどちらか選べる状況を作っておくことが重要です。また、夫婦でないと判断できる*場合は、お連れ様の名前を聞くとトラブルになるので、リゾートホテル*以外*ではお連れ様の名前は聞きません。

ポイント 4

呼びかけをした後、予約状況を伝える

小川様。本日より、1泊、2名様、デラックスツインルームのお部屋でご予約いただいております。

呼びかけ ➡ 情報提供

お客さまの名前で呼びかけた*後は、ホテルが持っているお客さまの予約状況を伝える 情報提供 が必要*です。「て形＋おります」の形で情報提供をします。「予約」「連絡」「案内」などの名詞には「ご」がつき、「部屋」「車」「荷物」「かばん」「1人」などの名詞には、「お」がつきます。また、動詞の「ます形」に「お」をつけ、丁寧な言葉遣い*にします（例：お帰り、お任せ、お知らせ、お渡し、など）。

会話③ 〈客室のご案内と完了の挨拶〉

ポイント 5

待たせた後のルームキーのお渡しと部屋の情報

小川様、大変お待たせいたしました。こちらがルームキーでございます。

呼びかけ ＋ 行動報告 ：フレーズ ➡ 情報提供

お部屋は7階のこちらのお部屋でございます。

➡ 情報提供

ルームキーを渡すときの言い方です。まず、呼びかけた後、待ってもらったことに対する 行動報告 をします。そして、ルームキー、部屋の順に* 情報提供 をします。他のお客さまに聞かれないように部屋番号は見せるだけにし、何階かだけを伝えます。セキュリティー*上、部屋番号は読み上げない*のが基本*です。「Nでございます」の文型で 情報提供 をしましょう。

ルームキーを渡すときの渡し方に注意しましょう（→p.84）。基本的に両手で渡します。

ポイント 6

チェックアウトの時間の案内

明日のチェックアウトの時間は１１時でございます。

情報提供

ルームキー、部屋番号の情報を伝えた後、最後に明日のチェックアウトの時間を伝えます。こちらも「Nでございます」の文型で情報を伝えましょう。「Nでございます」「Nにございます」「Nがございます」などはそれぞれ意味が異なります*ので、注意が必要です。

ポイント 7

チェックイン終了の知らせ

小川様、チェックインの手続きは以上でございます。

呼びかけ ＋ 情報提供 ：フレーズ

まず、呼びかけてからチェックインが終わったことを知らせます*。この「呼びかけ ＋ 情報提供」のフレーズのパターンは覚えておくと便利です。

ポイント 8

不明な点はないか確認

何かご不明な点はございますでしょうか。

確認 ：フレーズ

他に不明な点はないか 確認 します。お客さまが何か質問に来たときも返事*の最後にこのフレーズを言うと便利です。

ポイント 9

部屋までの行き方を案内する

お部屋へはあちらのエレベーターをご利用くださいませ。

お願い

部屋までの行き方を案内します。お客さまに お願い するときは、「ご＋V-~~する~~＋ください」または、「お＋V-~~ます~~形＋ください」の文型を覚えておくと便利です。接客場面*では、「ご」がつく「ご利用ください」「ご確認ください」や、「お」がつく「おかけください」「お取りください」「お休みください」「お過ごしください」などよく使います。加えて「お客さまのお部屋は8階でございます」などと階数*をお知らせすると丁寧な応対となるでしょう。

ポイント 10

ゆっくり過ごすよう伝える挨拶

どうぞごゆっくりお過ごしくださいませ。

あいさつ ：フレーズ

ドアマン同様、作業*が終わった後、お客さまにゆっくり過ごすよう伝えます。便利なフレーズですので覚えておくと便利です。「ゆっくり」という副詞*は和語*ですが、「ご」を慣用的*に使います。「お過ごしくださいませ」（お＋V-~~ます~~形＋くださいませ）の「ませ」は「ください」の後につけ、より丁寧な言い方になります。その他、「いらっしゃいませ」「いってらっしゃいませ」「お使いくださいませ」「お休みくださいませ」などをよく使用します。

基本練習

1. 音声を聞いて、おもてなしのフレーズを練習しましょう。 🔊02

① いらっしゃいませ

② 恐れ入りますが

③ お名前をフルネームでお伺いしてもよろしいでしょうか

④ お待ちしておりました

⑤ おもてなしホテルにお越しいただきまして、誠にありがとうございます

⑥ 差し支えなければ

⑦ 大変お待たせいたしました

⑧ 何かご不明な点はございますでしょうか

⑨ どうぞごゆっくりお過ごしくださいませ

2. 次の表現は①～⑥のどの意味機能のパターンか、（　）に記号を書きましょう。
また意味機能と場面の正しいペアを線で結びましょう。

a. 小川様、チェックインの手続きは以上でございます。何かご不明な点はございますでしょうか。

b. お待ちしておりました。おもてなしホテルにお越しいただきまして、誠にありがとうございます。

c. 小川様。本日より、1泊2日、デラックスツインルームのお部屋で、ご予約いただいております。

d. 恐れ入りますが、お名前をフルネームでお伺いしてもよろしいでしょうか。

e. お待たせいたしました。

f. 恐れ入りますが、こちらにお名前、ご住所、お電話番号をご記入ください。

意味機能		場面
①（　）呼びかけ ➡ 情報提供	・	・お客さまを待たせたとき
②（　）行動報告 ➡ 理由＋感謝	・	・お客さまの名前を伺うとき
③（　）前置き＋お願い	・	・お客さまを迎えるとき
④（　）行動報告	・	・予約状況を伝えるとき
⑤（　）呼びかけ＋情報提供 ➡ 確認	・	・チェックイン終了のとき
⑥（　）前置き＋許可を求める 確認	・	・お客さまに署名をお願いするとき

3. お客さまとスタッフでペアになって問題2の意味機能を見ながら表現を練習しましょう。
この課の動画を見て、おじぎや手の動き（→p.39, 112）なども注意して練習しましょう。

4. 予約の確認をペアで練習しましょう。

例 [佐藤] 様。
呼びかけ

本日より、[1泊、2名様]、[デラックスツインルームのお部屋] でご予約いただいております。
情報提供

①ペアの名前／2泊1名様／セミダブルの部屋　②ペアの名前／4泊5名様／和室*の部屋
③ペアの名前／5泊7名様／スイートの部屋

5. 部屋の案内をペアで練習しましょう。

例 [小川様]、大変お待たせいたしました。こちらが [ルームキー] でございます。
呼びかけ　行動報告　情報提供

[お部屋は7階のこちらのお部屋] でございます。
情報提供

[明日のチェックアウトの時間は11時] でございます。
情報提供

① ペアの名前／お食事券*／レストランは地下*1階／朝食*の時間は7時から
② ペアの名前／スパ*の利用券*／スパは3階／予約の時間は11時から

6. チェックイン後の最後の挨拶を練習しましょう。

例 過ごしてください ➡ どうぞ、ごゆっくり [お過ごしください] ませ。
お願い

① 休んでください　② 楽しんでください　③ くつろいでください

7. お客さまの名前が聞き取れなかった場合や書き方がわからない場合、丁寧に聞くにはどうすればよいでしょうか。ペアやグループで話し合ってみましょう。

8. 次のような場面では、どのように言いますか。意味機能を見ながら言いましょう。

	場面	意味機能
①	お客さまを迎える	あいさつ
②	お客さまの名前をフルネームで聞く	前置き ＋許可を求める 確認
③	署名をもらう欄を指し示しながら、お客さまの情報を聞く	前置き ＋ お願い
④	チェックイン完了*の知らせと不明な点はないかの確認	呼びかけ ＋ 情報提供 ➡ 確認
⑤	お部屋までの案内	お願い

応用練習

スタッフ：あなたはおもてなしホテルのスタッフです。宿泊のお客さまがチェックインをしにきました。失礼のないように応対しましょう。

お客さま：あなたはホテルでチェックインをしています。スタッフに情報を伝えましょう。

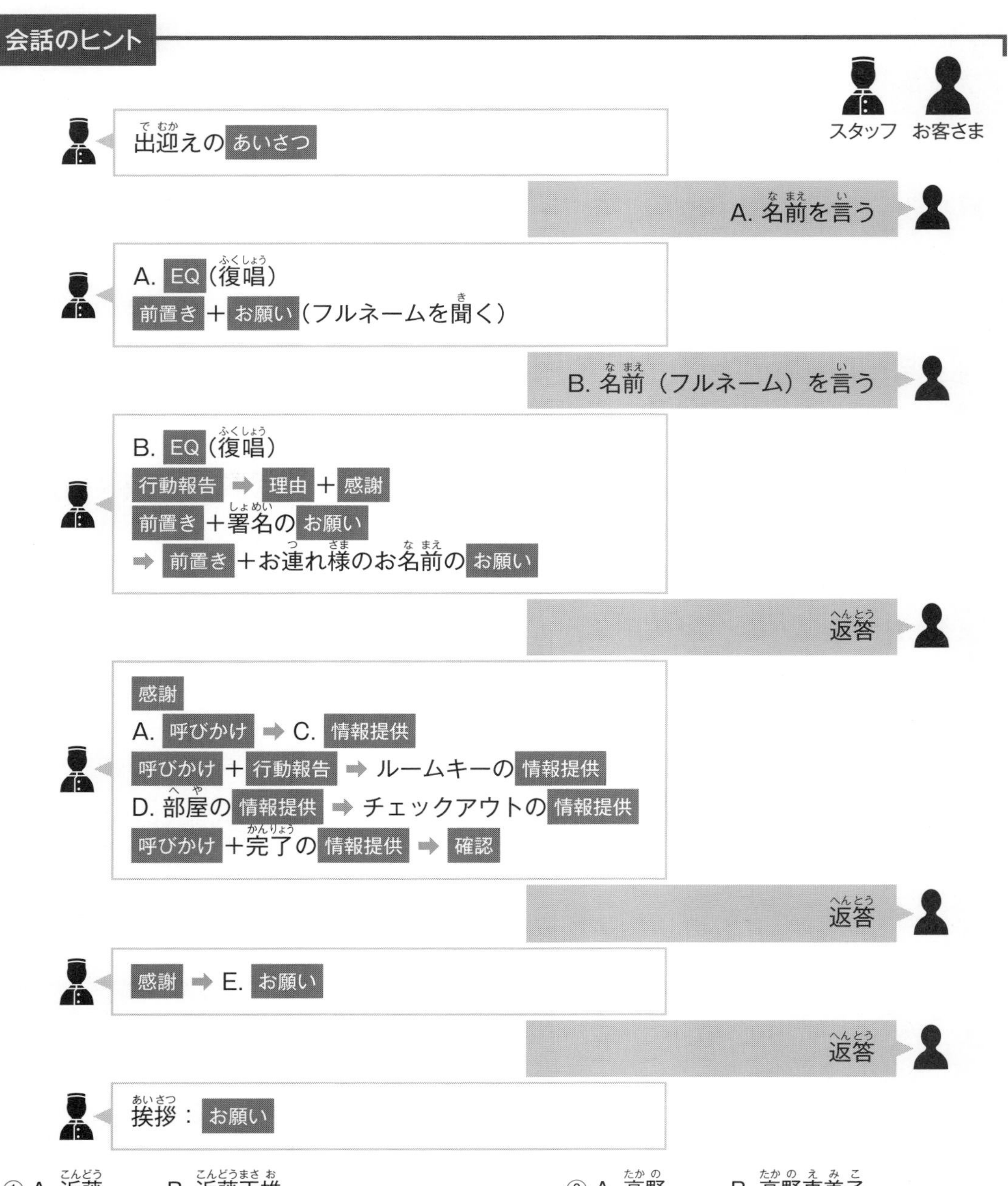

① A. 近藤　　B. 近藤正雄
C. 3泊4名／エグゼクティブルーム*　　D. 6階
E. そこのエレベーター

② A. 高野　　B. 高野恵美子
C. 2泊3名／スイートルーム　　D. 35階
E. あそこのエレベーター

③ 自由に考えて話しましょう

④ 録画してポートフォリオを作りましょう

確認チェック

1. □ フロントの仕事をある程度、理解することができた。
2. □ フロントでお客さまをお迎えできる。
3. □ お客さまを待っていたことを伝え、お客さまを迎えるときの挨拶を言うことができる。
4. □ 前置きを言ってからお客さまの名前をフルネームで聞くことができる。
5. □ 署名をもらう欄を指し示しながら、お客さまの情報を聞くことができる。
6. □ 呼びかけをした後、予約状況を伝えることができる。
7. □ 待たせた後のルームキーのお渡し、部屋の情報とチェックアウトの時間の案内が言える。
8. □ チェックイン終了の知らせと不明な点はないかの確認ができる。
9. □ お部屋までの案内を言うことができる。
10. □ ゆっくり過ごすよう伝える挨拶を言うことができる。

おもてなしの基本マナー

分離礼と同時礼

「分離礼」とは、あいさつの言葉を先に言ってから、その後におじぎをすることです。
「同時礼」とは、あいさつの言葉を言いながらおじぎをすることです。分離礼のほうが、同時礼よりも丁寧です。状況に合わせて判断し、使い分けましょう。

分離礼

同時礼

姿勢

姿勢は、お客さまと接していないときでも気をつけましょう。
そのためには、普段から意識していないとできません。お客さまが話しかけやすい雰囲気を作ることも大切なのです。

立ち方

- 目線はまっすぐ、肩は水平になるようにし、頭は左右に傾けない
- 背筋を伸ばして、胸をはり、あごをひく
- 手を自然に下ろして、指先をそろえる
（女性 ⇨ 手をおへその下で重ねる、男性 ⇨ 中指がズボンの横の線にくるようにそろえる）
- かかとはつけて、つま先はひらく
（時計の針でいうと女性は11時5分、男性は10時10分にひらく）

コラム
スタッフの声

フロントの仕事はチェックインやチェックアウトだけではありません。表情*や身だしなみ、挨拶などに気をつけ、心を込めて*応対することが大切です。チェックインのとき、お客さまのレジストレーション・カード（※1）を確認します。そこに、ケーキや花を準備する*など、特別*なことが書かれていれば、何かの記念日*であることがわかります。そのようなとき、部屋のアップセル（※2）や、追加料金*なしにアップグレード（※3）するなどのおもてなしをします。お客さまに「ありがとう」と言われると、この仕事をしていてよかったなと実感します*。

ある日、目が不自由*なお子さんがいるご家族のチェックインをしたときのことです。最初はエレベーターが近い客室にしようと思いましたが、その夜は近くの公園で花火大会*があることを思い出し*、花火の音が聞こえる部屋を用意したい*と思いました。あいにく*、花火が見える高層階*の客室は空いていなかったので、花火は見えないものの*、音が聞こえて花火を感じる*ことができる部屋はどうかと提案しました*。その結果*、目が不自由なお客さまも花火を感じることができ、とても喜んでもらうことができました。これからも、お客さまが何をしてほしいのか、また何をしたら喜んでもらえるのかを考えて行動する*ようにしたいと思います。

（※1）レジストレーション・カード：ご予約カード
（※2）アップセル：追加料金をいただいてアップグレードすること
（※3）アップグレード：上のランクの部屋に変更すること

ディスカッションポイント

1. チェックインのとき、お客さまのレジストレーション・カードを確認しておいた方がいいのは、なぜですか。そこに「ケーキや花を準備する」と書いてあったら、フロントは何をした方がいいですか。

2. 目が不自由なお客さまに用意された部屋はどんな部屋だったのでしょうか。また、足や耳が不自由なお客さまだった場合、どんな部屋が用意できるでしょうか。

Can-doチェック!

□ フロントの業務の流れを理解することができる。
□ フロントでお客さまをお迎えし、チェックイン業務を行うことができる。

第2課 チェックイン（フロント）

フロント業務で使うことば

シングルルーム

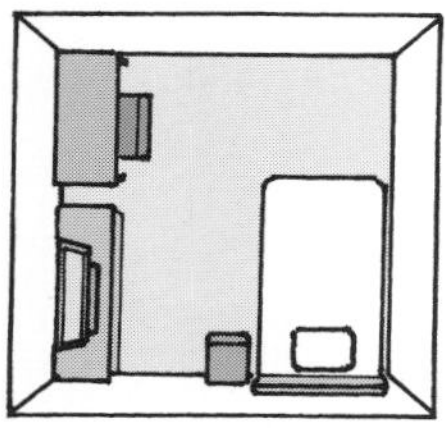

ダブルルーム

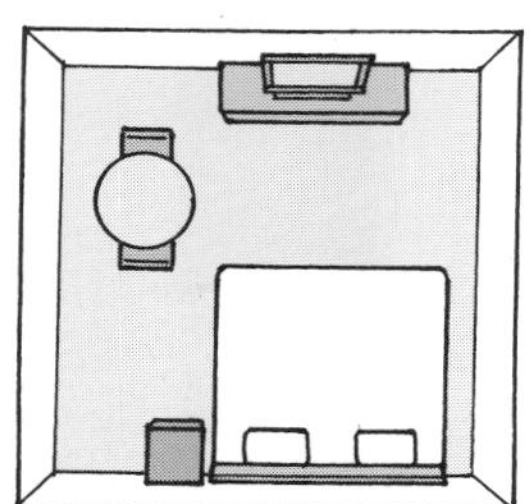

ツインルーム

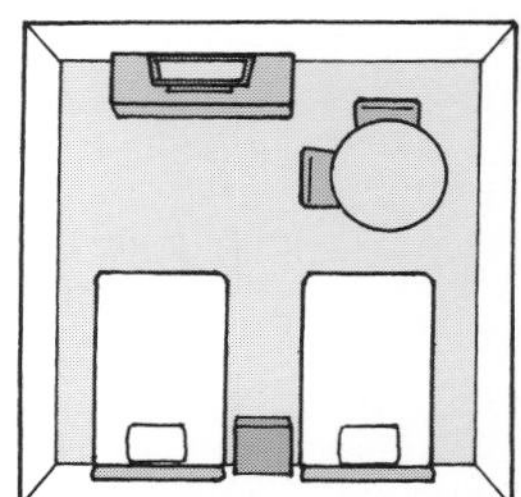

デラックスツインルーム

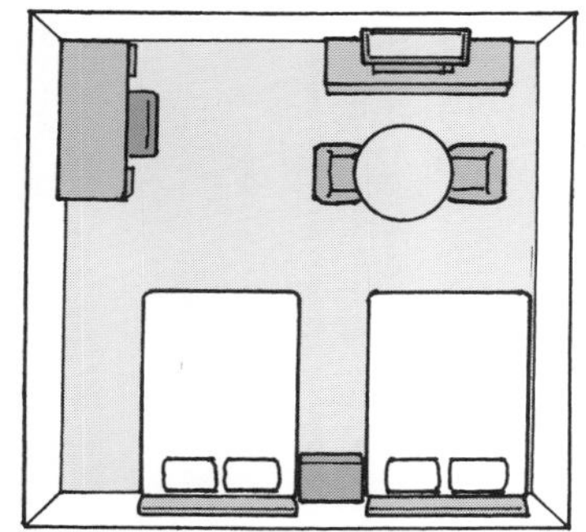

スイートルーム

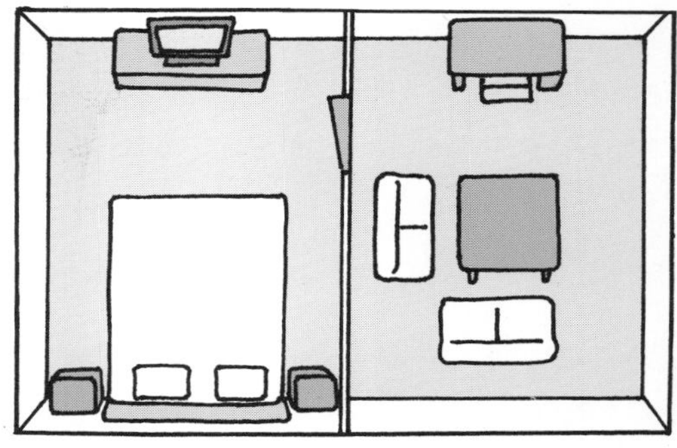

和室

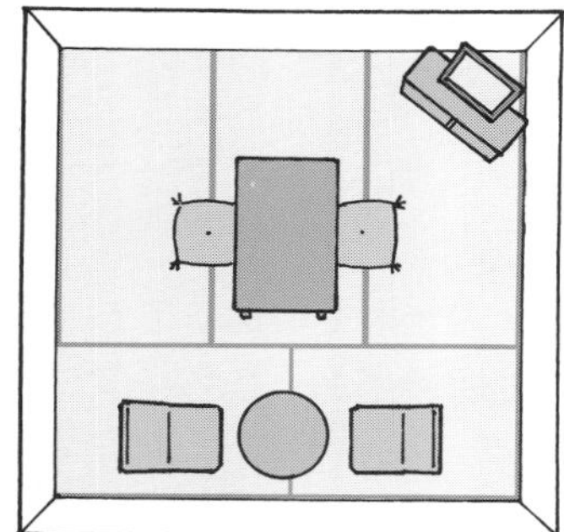

ファミリールーム

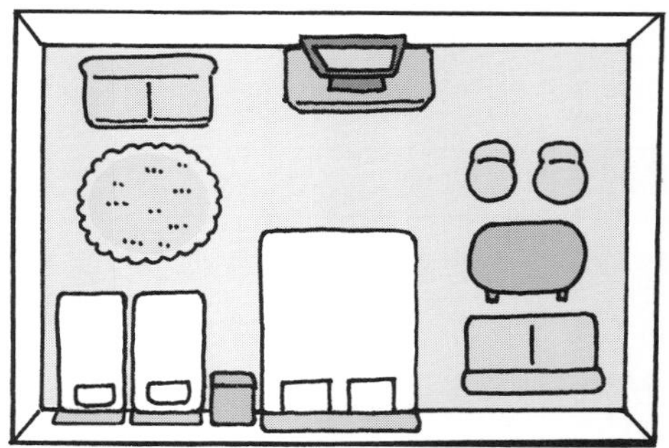

レジストレーション・カード

様	OMOTENASHI HOTEL
お名前 Name	
ご住所 Address	
お電話番号 Tel	
メールアドレス Email	

第3課

案内と誘導（ベルスタッフ）

Can-do

□ ベルスタッフの業務の流れを理解できる。
□ フロントでお客さまをお迎えし、客室まで誘導できる。

第3課　案内と誘導（ベルスタッフ）

第3課は、ベルスタッフの案内と誘導です。「ベルボーイ」、「ベルガール」と呼ぶこともあります。基本的にホテルのロビーに待機し、お客さまの出迎え、案内業務をします。そのため、お客さまにとって一番話しかけやすいスタッフなのです。常に、周りに気を配り、スピード感を持って、臨機応変に対応することが大切です。また、宿泊施設には宿泊だけでなく、レストラン利用、会議室利用など、さまざまなお客さまがいますので、セキュリティー面にも気を配りましょう。

業務内容は主にお客さまを客室まで誘導することです。誘導中、非常口やレストランなどの施設の案内をしたり、客室内の設備についてもわかりやすく説明したりしなければなりませんので、高いコミュニケーション能力が求められます。また、お客さまだけでなく、ドアマンから荷物を預かったり、フロントからお客さまを引き継いだりしますので、スタッフともよくコミュニケーションをとることが大切です。ホテルによっては、宅配便の配送を担当することもあります。

Section 3 handles guidance and leading of the bellhop. They are also sometimes called a "bellboy" or "bellgirl." Their principle role is to be on stand by in the hotel lobby to greet and guide guests. This makes them the easiest members of staff for guests to talk to. It is important that they are always be aware of their surroundings, that they are speedy, and flexible. In addition to overnight guests, there will be a variety of other guests using the restaurants, conference rooms, and other facilities, so the bellhop must be mindful of security issues.

Their primary duty is to lead guests to their rooms. While guiding the guests, bellhops should provide information on emergency exits, restaurants, and other facilities. They should also explain the facilities in the guest rooms in an easy-to-understand manner, meaning that a high level of communication skills is required. It is important to communicate well not only with guests, but also with staff members, as bellhops are in charge of taking luggage from doormen and taking over guests from reception. In some hotels, they may also be responsible for courier deliveries.

第3课介绍"行李员"的介绍和引导。行李员也被称为"行李生"。基本上在酒店大堂待命，负责迎接客人和为客人做介绍。因此，对于客人来说，行李员是最容易搭上话的工作人员。时刻注意周围环境、行动迅速、随机应变是非常重要的。此外，行李员还要注意安保问题，因为住宿设施里不仅有入住的客人，还有到餐厅用餐、借用会议室等各种各样的客人。

行李员的主要工作内容是引导客人前往客房。在引导过程中，必须介绍紧急出口和餐厅等设施的信息，并简单明了地说明客房内的设备，因此需要具备高水平的沟通能力。此外，与其他工作人员进行良好的沟通也很重要，因为行李员不仅要接待客人，还要从门童手中接过行李，接替前台/接待处接待客人。有些酒店的行李员还承担着配送快递的工作。

Công việc để cập trong bài 3 đó là việc hướng dẫn khách của nhân viên hành lý. Nhân viên hành lý「ベルスタッフ」còn được gọi với tên gọi khác như「ベルボーイ」(bellboy)、「ベルガール」(bellgirl). Về cơ bản thì nhân viên hành lý sẽ chờ ở sảnh khách sạn, đón khách và hướng dẫn. Vì vậy, đối với khách, thì đây là nhân viên mà họ dễ bắt chuyện nhất. Điều quan trọng nhất đó là lúc nào cũng phải để ý đến xung quanh, làm việc với tốc độ nhanh nhẹn, phản ứng linh hoạt các tình huống. Hơn nữa, ở các khách sạn thì không chỉ là nơi dành cho khách đến trọ lại, mà có nơi, khách sử dung dịch vụ nhà hàng hoặc phòng họp… vì vậy, cần phải lưu ý về mặt an ninh.

Nội dung công việc chủ yếu là hướng dẫn cho khách đến tận phòng. Khi hướng dẫn phải hướng dẫn cho khách cửa thoát hiểm, và cả những thiết bị trong phòng nên cần phải giải thích một cách thật dễ hiểu, vì thế đòi hỏi một kỹ năng giao tiếp cao. Ngoài ra, nhân viên hành lý còn phải nhận hành lý từ nhân viên trực cửa, rồi đón khách từ bộ phận lễ tân, vì vậy điều quan trọng là cần phải thường xuyên giao tiếp không chỉ với khách, mà cả với những nhân viên khác nữa. Tùy vào từng khách sạn, có những khách sạn nhân viên hành lý còn phụ trách cả việc giao nhận chuyển phát hành lý.

主な業務

- お客さまの出迎え／見送り
- 来館者の対応
- 客室までの誘導
- 荷物の運搬
（チェックイン時は部屋まで／チェックアウト時は部屋からフロントまで）
- 宅配便の配送
- ドアマンやフロントのサポート

客室誘導業務の流れ

①フロントからルーミング・カードを預かる

②お客さまを客室まで誘導する（→p.56）

　通路：お客さまが通路の真ん中を歩き、スタッフはお客さまの斜め左前を歩く

　階段：階段の手すり側にお客さま、スタッフは斜め前の階段中央をのぼる

③客室内の説明

（鍵の開け方、照明、空調、インターネット利用、避難経路など）

④挨拶をして退出

考えましょう

お客さまを客室まで誘導するとき、エレベーターを使うことがあります。エレベーターの乗り降りはどのようにしますか。

　ポイント1：スタッフとお客さま、どちらが先にエレベーターに乗りますか／降りますか。

　ポイント2：エレベーターの中でスタッフはどこに立ちますか。

　ポイント3：エレベーターの乗り降りで気をつけることはありますか。

1. 誘導するお客さまが1人の場合（大きな荷物はなし）

2. 誘導するお客さまが3人の場合（大きな荷物はなし）

▷見てみましょう

見る前に話し合いましょう

1 ベルスタッフがお客さまを客室まで案内するとき、お客さまに何と言いますか。

2 「こちらへどうぞ」と誘導するとき、どのような動作をしますか。手の動きはどうですか。

▷ 06

会話① 〈ベルスタッフの誘導〉ベルスタッフがお客さまを客室まで誘導する

フロント：(1)ご案内お願いします。➡ [ベルスタッフへのお願い]

ベルスタッフ：かしこまりました。

(2)お部屋にご案内いたします。おかばんをお持ちいたします。

お客さま：ありがとう。

ベルスタッフ：(3)こちらへどうぞ。[エレベーターまで誘導する]

(4)ロビーからお部屋へはこちらのエレベーターをご利用ください。

[と言ってエレベーターに乗ってもらう]

見た後で確認しましょう

1 客室まで案内するときの **行動表明** は何と言いますか。

2 エレベーターに乗ってもらう前に何と言いますか。

見る前に話し合いましょう

1 フロントから客室まで案内する際、スモールトーク（雑談）*をしますが、何について話をすると思いますか。

2 部屋に到着したら*、まず、何と言いますか。そして何をしますか。

▷ 07

会話② 〈ベルスタッフが客室まで誘導〉エレベーターに一緒に乗り、階数を案内し、客室まで誘導する

ベルスタッフ：(5)お部屋は7階でございます。

(6)［7階に着く］どうぞ。右へお進みください*。［誘導する］

(7)［部屋に到着］こちらでございます。

(8)こちらにキーを差し込み*ランプ*が緑に点滅*しましたら開くようになっております。ドアはオートロック*でございますので、お出かけの際はキーをお持ちになりそのままお出かけください。

お客さま：わかりました。

ベルスタッフ：どうぞ。［ドアを開ける］

見た後で確認しましょう

1 エレベーターに一緒に乗り、案内するときは、何と言って **情報提供** しますか。

2 客室に到着したとき、まず、何を言いますか。そしてドアの開け方を説明します*が、どのように説明しますか。

見る前に話し合いましょう

1 お客さまの部屋に到着しました。荷物を部屋の中に置きますが、他に何かすることはありますか。

2 部屋を出るときは、何と言いますか。

▷ 08

会話③ 〈客室の案内〉ベルスタッフが設備*を説明する

ベルスタッフ：(9)お部屋の設備をご案内いたします。バスルーム*はこちらでございます。
貴重品*など*は、こちらの金庫*へお入れください。
また、ホテル内*のサービス、施設案内につきましては*、こちらの館内*案内をご覧ください。
(10)それでは、ご用*の際は*なんなりと*お申し付けください*ませ。

お客さま：ありがとう。

ベルスタッフ：(11)ごゆっくりお過ごしくださいませ。失礼いたします。[おじぎ]

見た後で確認しましょう

1 部屋の設備を説明する前の **行動表明** は、何と言いますか。

2 設備を案内しおわった後、何を言いますか。

ここがポイント!

会話① 〈ベルスタッフの誘導〉

ポイント 1

フロントスタッフからベルスタッフに申し伝える*とき

フロントスタッフ：ご案内お願いします。

お願い

ベルスタッフ：かしこまりました。

➡ 承知

フロント係がベルスタッフにお客さまを客室まで誘導するよう お願い をするときは、お客さまに聞こえてもいいように丁寧に言いましょう。また、ベルスタッフは、承知 したことを伝えますが、ここでも「わかりました」ではなく「かしこまりました」と言います。フロント係とベルスタッフは、同僚*であってもお客さまがいることを意識し、丁寧に言うことが大切です。

ポイント 2

お客さまを客室まで誘導する前の表明と荷物を持つ表明

お部屋にご案内いたします。　おかばんをお持ちいたします。

行動表明　➡　行動表明

お客さまを客室まで誘導するときに始めに*言う決まった言い方です。ここは単に「こちらへどうぞ」と言って誘導するのではなく、客室まで案内することや荷物を持つことなど、これからスタッフが何をするのか 行動表明 を言うことが丁寧な応対になり、このような心配りが大切です。複数の荷物がある場合*は、最も*重そうな荷物（スーツケースやかばん）を持つようにしましょう。お客さまの負担を軽くすることを第一に*考えるのも心配りです。「ご案内いたします」は、「ご＋V-~~する~~＋いたします」ですが、「ご」がつかないものもあります（例：確認いたします）。また、「お持ちいたします」などの動詞（例：持つ、取る、調べるなど）は、「お＋V-~~ます~~形＋いたします」の文型です。ホテルによってはベルスタッフが部屋まで誘導しない場合もあります。

ポイント 3

お客さまをロビーから客室まで誘導しはじめる

こちらへどうぞ。

誘導 **：フレーズ**

「こちらへどうぞ」と言って客室までの 誘導 を始めます。右側*に行くときは右手で、左側に行くときは左手で方向*を指し示します。まっすぐ行くときは、お客さまとの位置関係によって方向を指し示す手を決めます（→p.98）。お客さまを誘導するときは、お客さまに「今日は、お仕事ですか」や「ご旅行ですか」などと声をかけたり*しましょう。それも心配りです。このようなスモールトーク（雑談）からヒント*を得て*、より良い*サービスを提供することができるのです。例えば観光が目的だとわかったら、おすすめ*の場所を伝えることができるのです。

ポイント 4

ロビーから客室までの誘導の案内

ロビーからお部屋へはこちらのエレベーターをご利用ください。

お願い：フレーズ

エレベーターを利用してもらうときは、「ご+V-~~する~~+ください」の文型でお願いをします。言い終わったら*エレベーターのボタンを押し、エレベーターが来るのをお客さまと待ちます。エレベーターに乗るときは、まずお客さまが先*です。お客さまが多いときは、スタッフが先に乗り、操作盤*の前に立ちます（→p.70）。ホテルによってはベルスタッフが客室までではなく、エレベーターまでの誘導となる場合もあります。エレベーターが来るまで待つ場合はお客さまに先に乗ってもらい、階のボタンを押して「ごゆっくりお過ごしくださいませ」と言い、ドアが閉まるまでおじぎをします。

ポイント 5

エレベーターの中での案内

お部屋は7階でございます。

情報提供

エレベーターに乗ったら、すぐに操作盤の前に立ち、ドアが閉まらないよう手で押さえます*（→p.70）。そして部屋の階数を伝えます。「～はNです」を丁寧に言うと「～はNでございます」になります。案内するときによく使う文型ですので、覚えておきましょう。

会話② 〈ベルスタッフが客室まで誘導〉

ポイント 6

エレベーターを降りるときの案内

［7階に着く］**どうぞ。** **右へお進みください。**

誘導：フレーズ ➡ 案内のお願い

降りるときは、お客さまが先です。お客さまが降りるまでドアが閉まらないよう手で押さえておきます。お客さまが降りてからどちらの方に行くのか前もって*伝えておきます。「お+V-~~ます~~形+ください」の文型も接客場面でよく使うので、覚えておくと便利です。

ポイント 7

客室の前に到着したときの案内

［部屋に到着］**こちらでございます。**

情報提供：フレーズ

お客さまの客室に到着したらドアの前に立ち、到着したことを伝えます。場所を案内する「ここです」の丁寧な言い方が「こちらでございます」です。この「Nでございます」も接客場面でお客さまに情報を伝えるときの典型的*な文型になるので覚えておきましょう。このときも部屋の方を手で指し示します。

ポイント 8

ルームキーの説明

こちらにキーを差し込みランプが緑に点滅しましたら開くようになっております。

情報提供：～たら～ようになっている

ドアはオートロックでございますので、お出かけの際はキーをお持ちになりそのままお出かけください。

➡ 理由 ＋ お願い：お＋V-~~ます~~形＋になる

お客さまにルームキーの使い方を説明しながら鍵を開けます。このとき、ドアがオートロックなので、出かけるときの注意点*も一言*添えて*説明するようにしましょう。お客さまがあとで困らない*ように前もって情報を伝えておくことも心配りです。

「～たら」の前は丁寧体*で、「～ている」の謙譲語を丁寧体にして「～ております」と言います。「持つ」の尊敬語は、「お＋V-~~ます~~形＋になる」です。

会話③〈客室のご案内〉

ポイント 9

設備の説明をすることを伝え、場所を指し示しながら説明する

お部屋の設備をご案内いたします。（行動表明）➡ **バスルームはこちらでございます。**（情報提供）

貴重品などは、こちらの金庫へお入れください。➡ お願い

また、ホテル内のサービス、案内の施設案内につきましては、こちらの館内案内をご覧ください。➡ お願い：～につきましては

まず、お客さまに部屋の説明をすることを伝える 行動表明 をします。 行動表明 はお客さまにスタッフがこれから何をするのか伝える役割*があり、それを言ってから具体的*に案内することで、お客さまは説明を聞く準備ができます。そして具体的に説明していきます。これが心配りです。バスルームを案内し、貴重品は金庫に入れるようお願いをし、部屋の設備を案内します。それから、サービスや施設案内については、館内案内を見るように お願い をします。「～については」の丁寧な言い方が「～につきましては」です。

ポイント 10

部屋の説明が終わった後のフレーズ

それでは、ご用の際はなんなりとお申し付けくださいませ。

前置き ＋ お願い ：フレーズ

用があるとき、教えてもらうよう お願い をするフレーズです。部屋の説明が終わったので、「それでは、」と 前置き してから言います。ここも「申し付ける」のます形を「お＋V-~~ます~~形＋ください」に入れます。「くださいませ」は「ください」より丁寧になります。

ポイント 11

ゆっくり過ごしてもらうときの挨拶と部屋を出るときの挨拶

ごゆっくりお過ごしくださいませ。 失礼いたします。

あいさつ  あいさつ

部屋の案内が終わったら、ゆっくり過ごしてもらうように挨拶をします。そして「失礼いたします」と挨拶してから部屋を出ます。

基本練習

1. 音声を聞いて、おもてなしのフレーズを練習しましょう。🔊03

① ご案内お願いします

② かしこまりました

③ ご案内いたします。こちらへどうぞ

④ こちらのエレベーターをご利用ください

⑤ お部屋は7階でございます

⑥ こちらでございます

2. 次の表現は①～⑤のどの意味機能のパターンか、（　）に記号を書きましょう。
また意味機能と場面の正しいペアを線で結びましょう。

a. お部屋にご案内いたします。おかばんをお持ちいたします。

b. それでは、ご用の際はなんなりとお申し付けくださいませ。

c. どうぞ。右へお進みください。

d. ごゆっくりお過ごしくださいませ。失礼いたします。

e. ロビーからお部屋へはこちらのエレベーターをご利用ください。

意味機能		場面
①（　）あいさつ ➡ あいさつ	・	・部屋の説明が終わったとき
②（　）誘導＋お願い	・	・ロビーから客室へ案内するとき
③（　）お願い	・	・お客さまを部屋に誘導するとき
④（　）前置き＋お願い	・	・エレベーターを降りるときの案内
⑤（　）行動表明 ➡ 行動表明	・	・部屋を出るときの挨拶

3. お客さまとスタッフでペアになって問題2の意味機能を見ながら表現を練習しましょう。
この課の動画を見て、おじぎや手の動きなども注意して練習しましょう。

4. お客さまを案内する練習をしましょう。

例 [ロビーからお部屋へは、こちらのエレベーターをご利用ください]。
お願い

① ロビーから部屋へは、そこのエレベーターを利用する

② プールへは、あそこのエスカレーターを使う

③ 会議室へは、ここをまっすぐ進む

5. お客さまに挨拶をする練習をしましょう。

例 用があるときは ➡ [それでは、ご用の際は] 何なりとお申し付けくださいませ。

前置き　　お願い

① 困ったときは　② 何かあったら　③ 不明な点があったら

6. 実際に動きながらペアで誘導の練習をしましょう。

例 [お部屋] は、[7階] でございます。

情報提供

(到着したら) どうぞ。 [右へ] お進みください。

誘導　　お願い

① ジム/9階/まっすぐ

② スパ/20階/左へ

③ レストラン/3階/まっすぐ

7. スモールトークから得られた情報をもとに、どんなことができるか考えましょう。

① スモールトークでお客さまが日本に来るのが初めてだとわかりました。

➡

② スモールトークで結婚して10年のお祝い*でホテルに泊まっていることがわかりました。

➡

8. ペアやグループで、エレベーターでお客さまを誘導するときに気をつける点について話し合いましょう。

例 乗る位置、手の動きなど

9. 次のような場面では、どのように言いますか。意味機能を見ながら言いましょう。

	場面	意味機能
①	フロント係からベルスタッフにお客さまの誘導をお願いするとき	お願い
②	エレベーターを降りるときの案内	誘導 + お願い
③	お客さまの部屋から出る挨拶の前に言う	前置き + お願い
④	お客さまの部屋から出る挨拶をする	あいさつ ➡ あいさつ

応用練習

スタッフ：あなたはおもてなしホテルのスタッフです。宿泊のお客さまを部屋まで誘導しましょう。
お客さま：あなたはチェックインが終わったところです。スタッフに部屋まで誘導してもらいましょう。

① A. 12階
B. 右へ進んでください

② A. 30階
B. 左へ進んでください

③ 自由に考えて話しましょう

④ 録画してポートフォリオを作りましょう

確認チェック

1. □ ベルスタッフの業務の流れを理解することができた。
2. □ フロント係からお客さまの案内をお願いされたとき、承知したことを伝えることができる。
3. □ お客さまを客室まで誘導する前の行動表明と荷物の行動表明を言うことができる。
4. □ お客さまをロビーから客室まで誘導しはじめるときの誘導の案内ができる。
5. □ お客さまにエレベーターを利用するよう伝えることができる。
6. □ エレベーターに一緒に乗り、お客さまの客室の階数を伝えることができる。
7. □ エレベーターを降りるときの案内と部屋の前に到着したときの案内ができる。
8. □ ルームキーの説明をしながら鍵を開け、お客さまを部屋に案内できる。
9. □ 設備の説明をすることを伝えて、場所を指し示しながら説明できる。
10. □ 部屋の説明が終わった後のフレーズを言うことができる。
11. □ ゆっくり過ごしてもらうときの挨拶と部屋を出るときの挨拶が言える。

おもてなしの基本マナー

案内［通路と階段］

お客さまを案内するときは、必ず「どうぞ」や「ご案内します」と言ってから誘導しましょう。誘導するときは、お客さまの歩く速さに合わせます。また、お客さまを誘導しているときでも、周りのお客さまを気遣いましょう。

ポイント

通路：お客さまは通路の中央を歩き、スタッフはお客さまよりも2、3歩斜め前を歩きます。完全に背中を向けないで、お客さまの姿が見えるようにします。

階段：お客さまは階段の手すり側を、スタッフは2、3段上の斜めの位置にくるようにします。どこまでのぼるのか、「～階でございます」と伝えてからのぼりましょう。

通路

階段

コラム
ベルスタッフの声

ベルスタッフの仕事は、ドアマンやフロントスタッフと連絡を取り*ながらお客さまを案内するので、チームワーク*が大切です。また、お客さまの荷物を運ぶときは、壊れやすい*ものが入っていることもありますので気をつけています。ロビーにいるときは、お客さまの動き*をよく見て、困っているようなら積極的*に声をかけます。周り*をよく見て、自分に何ができるのかを考えて行動します。お客さまに頼まれて*いなくても、何をしてほしいのかを考えて動くことが大切なのです。それを気配り*、心配りと言います。

ある日、ご高齢*のお客さまからテーマパーク*行きのシャトルバス*乗り場と発車時刻*について聞かれたので、丁寧に説明をしました。そのとき、「帰りのシャトルバス乗り場はご存じですか」と伺うと、知らないとのことでした。そのため、発車時刻とバス乗り場が書かれたページを印刷し*、お渡ししました。聞かれた質問に答えるのではなく、その先を考えることで「一歩先の心配り」をすることができたのです。

また、ホテルの中をスムーズに案内できるように、何がどこにあるのかを知っておくことも大切です。お客さまの要望に対してすぐに、そして丁寧に対応することが求められます。お客さまがしてほしいことや、必要なことはさまざまです。でも、お客さまの笑顔と「ありがとう」の言葉で、大変なことなどは忘れてしまい、この仕事を選んでよかったなと思います。

ディスカッションポイント

1. ベルスタッフの仕事で大切なことはどんなことでしょうか。話し合いましょう。

2. 「一歩先の心配り」とはどんなことでしょう。他にもありますか。話し合ってみましょう。

Can-doチェック!

□ ベルスタッフの業務の流れを理解できる。
□ フロントでお客さまをお迎えし、客室まで誘導できる。

ホテル内施設のことば

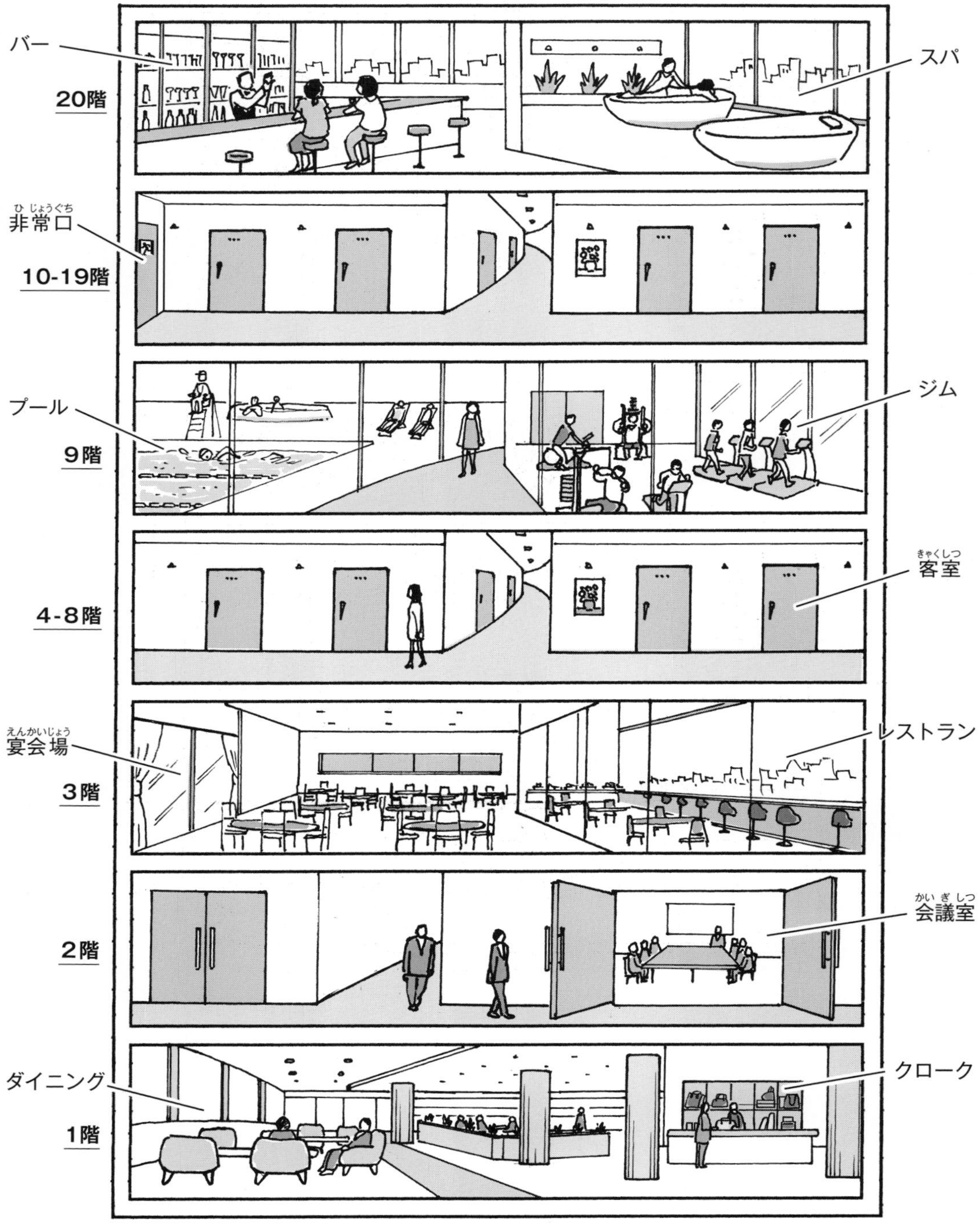

バー
20階
スパ

非常口
10-19階

プール
9階
ジム

4-8階
客室

宴会場
3階
レストラン

2階
会議室

ダイニング
1階
クローク

第4課

ハウスキーピング（ハウスキーパー／客室係）

Can-do

- □ 客室係の業務の流れを理解することができる。
- □ お客さまの要望に迅速に応対することができる。

第4課　ハウスキーピング（ハウスキーパー／客室係）

第4課は、ハウスキーパー／客室係のハウスキーピングです。ハウスキーピングを行うスタッフを「ハウスキーパー」や「客室係」と呼びます。お客さまに快適な空間を提供するために、客室の清掃、整備、点検などを行います。「客室」は一つの商品です。その商品をお客さまに渡す前の最終確認を行うのが客室係ですので、品質管理という面からもとても重要な役割を担っています。

お客さまがチェックアウトし、次のお客さまがチェックインするまでの限られた時間の中で、前に使っていたお客さまのゴミや汚れだけでなく、においも消し、完璧な状態に戻さなければなりません。ベッドのシーツにしわがないか、バスタブに水滴がついていないかなど、細かいところにも注意が行き届く人でなければなりません。

客室係は直接お客さまの応対をすることは少ないですが、客室フロアでお客さまとすれ違う機会は多いので笑顔であいさつすることを忘れないようにしましょう。そして、お休み中のお客さまもいますので、清掃用ワゴンの取り扱いや、スタッフ間でのやりとりには最大限注意をする必要があります。

また、滞在中のお客さまを一番近くで見ているので、個人情報などを知り得ることもあるでしょう。しかし、お客さまのプライバシーを守るため、絶対に外部に漏らしてはいけません。

Section 4 handles housekeeping of the housekeeping staff. Staff that perform housekeeping duties are called "room attendants." To provide a comfortable space for hotel guests, they clean, maintain, and inspect guest rooms. Guest rooms are a commodity--a product owned by the hotel. The room attendants are responsible for making final checks on these "products" before handing them over to the guests, meaning they play a very important role in terms of quality control.

In the limited time between when one guest checks out and the next guest checks in, all rooms must be restored to perfect condition, removing not only the previous guest's trash and dirt, but also odors. Room attendants must be attentive to details such as wrinkles in the bed sheets and water droplets in the bathtub.

Although room attendants rarely deal directly with guests, they have many opportunities to pass them on the guestroom floor and must be sure to greet them with a smile. As some guests might still be sleeping, regardless of the time of day, the utmost care must be taken in handling the cleaning wagon and interacting with other staff members.

In addition, room attendants are the closest to the guests during their stay, meaning they may have access to personal and other information. However, to protect the privacy of the guests, they must never leak any such information to third parties.

第4课介绍“客房服务员”的打扫卫生。打扫卫生的工作人员称为“客房保洁员”。他们负责清洁、整理和检查客房，为客人提供舒适的空间。“客房”是一件商品。将这件商品交给客人之前，客房保洁员负责进行最终确认，因此他们在质量控制方面发挥着非常重要的作用。

在客人退房到下一位客人入住之间的有限时间里，不仅必须将前一位入住的客人留下的垃圾和污垢清除干净，还必须消除异味，将客房恢复到完美状态。客房保洁员必须是能够注意到细节的人，比如床单上有没有褶皱，或浴缸里有没有水珠。

虽然客房保洁员很少直接与客人打交道，但有很多机会在客房楼层与客人擦肩而过，因此要记得微笑着与客人打招呼。而且，由于有些客人正在休息，因此在使用清洁工作车以及与其他工作人员交流时必须格外注意。

此外，在客人入住期间，客房保洁员是最接近客人的人，因此可能会获知客人的个人信息等。但是，为了保护客人的隐私，绝对不能向外界泄露。

Công việc để cập đến trong bài 4 đó là nhân viên buồng phòng của bộ phần buồng phòng. Nhân viên thực hiện công việc dọn phòng được gọi là "bộ phận buồng phòng". Nhân viên buồng phòng dọn dẹp vệ sinh phòng, kiểm tra, bảo trì phòng nghỉ để mang lại cho khách một không gian thoải mái. "Phòng nghỉ của khách" là một sản phẩm. Vì bộ phận buồng phòng là người tiến hành những bước kiểm tra cuối cùng trước khi bàn giao sản phẩm đó cho khách, nên nhìn từ góc độ quản lý chất lượng, thì bộ phận này đảm nhiệm một vai trò rất quan trọng.
Trong khoảng thời gian hạn hẹp từ khi khách trả phòng, đến khách khác nhận phòng, nhân viên buồng phòng không chỉ dọn dẹp rác và những thứ bẩn của khách trước đó, mà còn phải tẩy mùi, làm cho căn phòng trở lại trạng thái hoàn hảo. Phải chú ý đến từng chi tiết như ga trải giường có nhăn hay không, nước trong bồn tắm có nhỏ giọt hay không.
Nhân viên buồng phòng ít khi tiếp xúc với khách, tuy nhiên vì thường có cơ hội đi ngang qua nhau ở những tầng khách ở trọ, vì thế đừng quên luôn phải tươi cười chào hỏi khách. Và vì cũng có những vị khách đang nghỉ ngơi vì vậy phải hết sức chú ý khi xử lý xe đẩy dọn phòng chuyên dụng, hay khi trao đổi với những đồng nghiệp khác.
Ngoài ra vì nhân viên buồng phòng là người tiếp cận gần nhất với khách, vì vậy, có thể sẽ biết được những thông tin cá nhân của khách. Tuy nhiên, để bảo vệ quyền riêng tư của khách, tuyệt đối không được tiết lộ thông tin ra ngoài.

主な業務

- 客室の清掃、整備
- 客室の最終点検
  ※ホテルによって、責任者のみホテル社員で、他の業務は全面委託をしているところもあります
- 備品管理
- お客さまの要望に応える（追加リネンやアメニティのお届けなど）
- ランドリー

客室清掃業務の流れ（チェックアウト済みの部屋）

①清掃用ワゴンの準備
（必要な清掃用具、洗剤、消耗品、備品、リネンなどをワゴンに積む）
②客室の清掃
（ドアを開ける ➡ 忘れ物の確認 ➡ 作業に必要がない電気を切る
➡ カーテンを開ける ➡ 使用済みのリネン類やゴミはまとめて客室の外に置く
➡ ベッドメイキング ➡ 客室内にある家具（イス、机など）を拭く
➡ バスルームの清掃 ➡ 掃除機をかける ➡ アメニティ、リネン類などを置く）

考えましょう

1人で宿泊のお客さまから、「寒気*がするので、ブランケット*を持ってきてほしい」と言われました。あなたならどのように対応しますか。

▷見てみましょう

見る前に話し合いましょう

1 フロントスタッフがお客さまからの要望を聞いたとき、何を確認しますか。

2 客室係がブランケットを届ける*ためにお客さまの部屋の前に着いた後、何と言いますか。

▷ 09

会話① 〈客室係が持っていく〉フロントでお客さまの要望を聞き、客室係が持っていく

フロント：[電話がなる] (1)フロントでございます。[笑顔]
お客さま：すみません、ブランケットがほしいんですけど。
フロント：(2)かしこまりました。[笑顔]
　　　　　お部屋は703号室の佐藤様でよろしいでしょうか。
お客さま：はい。
フロント：それでは、係の者*がすぐにお部屋までお持ちいたします。[笑顔]
客室係　：[部屋の前に着く] (3)客室係でございます。ブランケットをお持ちいたしました。
お客さま：はい。
　　　　　[客がドアを開ける。ドアの外で]
客室係　：(4)大変お待たせいたしました。ブランケットをお持ちいたしました。
お客さま：ありがとう。

見た後で確認しましょう

1 フロントスタッフは、お客さまの要望を聞いた後、何と言いますか。

2 客室係がブランケットを届けました。お客さまが部屋のドアを開けたとき、客室係はお客さまに何と言いますか。

見る前に話し合いましょう

1 もし、部屋にあるべき*タオルなどがないとお客さまから電話が入った場合、何と言いますか。そして何に気を付けるべきですか。

2 部屋にあるべきタオルがなかった場合、クレームにつながらないように、どんなサービスを提供すると思いますか。

▷ 10

会話② 〈指摘*の入電〉お客さまから電話が入る：お客さまの指摘

お客さま：バスタオルがないんですけど。

フロント：(5)申し訳ございませんでした。801号室でございますね。すぐにお部屋へお届けいたしますが、これから外出*のご予定などはございませんか。

お客さま：いえ、ありません。

フロント：(6)では、至急*、係の者が伺いますので少々お待ちくださいませ。

客室係：(3)［部屋の前に着く］客室係でございます。バスタオルをお持ちいたしました。

お客さま：［客がドアを開ける］ご苦労さま。困るのよね。もう。

客室係：(7)本当に申し訳ございませんでした。［おじぎ］今後*は決して*このようなことがないように、十分注意いたします。 (8)小川様がお風呂上がり*の後に少しでも快適*に過ごしていただきたいと思いまして、バスローブ*も一緒にお持ちいたしました。もしよろしければ、お使いください。

お客さま：あらそう。じゃ使わせてもらうわ。今後は気をつけてちょうだいね。

客室係：(9)かしこまりました。誠に申し訳ございませんでした。［おじぎ］

見た後で確認しましょう

1 バスタオルを届けに行った際に、まずは何と言いますか。

2 なぜバスローブまで持っていきましたか。

ここがポイント!

会話① 〈客室係が持っていく〉

ポイント 1

客室からかかってきた電話に出る

フロントでございます。[笑顔]

情報提供

客室から電話がかかってきたときは、このように言います。外線*に電話がかかってきた場合は、「お電話ありがとうございます。おもてなしホテルでございます」と言います。お客さまに見えていなくても笑顔で電話に出るようにしましょう。

ポイント 2

承知したうえで客室番号を確認し、これから何をするか伝える

かしこまりました。[笑顔] お部屋は703号室の佐藤様でよろしいでしょうか。

承知 ➡ 確認

(客の返事:はい) それでは、係の者がすぐにお部屋までお持ちいたします。[笑顔]

➡ 前置き ＋ 行動表明 :迅速な応対:フレーズ

まず、お客さまの要望を 承知 したことを伝えます。そして、間違いがないよう、お客さまの部屋の番号や名前を 確認 します。そして、係の者がすぐ持っていくことを伝えます。お客さまの要望に対してこのパターンで言うことを覚えておくと便利です。「すぐに持っていく」と迅速に行動することを伝えることが「おもてなし」です。お客さまの要望はブランケットのほかに枕*、アメニティ*、バスタオル、アイロン*などを持ってきてほしいなどです。

ポイント 3

客室係が部屋に着いたら、まず、ドアの外で用件を伝える

客室係でございます。 ブランケットをお持ちいたしました。[笑顔]

あいさつ :フレーズ ＋ 行動報告

お客さまの部屋に着いたら、ドアの外から、「客室係でございます」と言います。そして、お客さまが要望したもの(ブランケット)を持ってきたことを伝えます。お客さまに持ってきたことを報告する*のも「おもてなし」です。お客さまがドアを開けるまでは、ドアの外で待ちましょう。

ポイント 4

お客さまがドアを開け、スタッフはドアの外で再度、何の用件か伝える

大変お待たせいたしました。 **ブランケットをお持ちいたしました。**

行動報告 ＋ 行動報告

お客さまがドアを開けたら、まずは待たせた*ことに対して「大変お待たせいたしました」と言い、その後で希望する*ものを持ってきたことを伝えます。このパターンで言うことを覚えておきましょう。さらに「お部屋にお運びしましょうか」と聞き、お客さまが希望すれば部屋の中に入り、お客さまの希望するところに運びます。お客さまは、ドアのところで受け取る*のが一般的*です。このように何をしに客室まで来たのかしっかり*伝えることが大切です。また、念の為*、多め*に持っていき、「ブランケットはお1つでよろしいでしょうか」と聞くことが「一歩進んだ心配り」にもなります。

会話② 〈ご指摘の入電〉

ポイント 5

まず謝罪をし、客室番号や名前、そして外出をするかどうか、確認する

申し訳ございませんでした。 **801号室でございますね。**

謝罪 ➡ 確認

すぐにお部屋へお届けいたしますが、 **これから外出のご予定などはございませんか。**

➡ 行動表明 ＋ 確認

お客さまからバスタオルがないとご指摘を受けたので、まずは、**謝罪**します。そしてお客さまの部屋の番号や名前を**確認**し、さらに、すぐ届けることを伝えたうえで、今届けても大丈夫か、お客さまの予定を**確認**します。

ポイント 6

これから何をするか伝える

では、至急、係の者が伺いますので少々お待ちくださいませ。

行動表明 **：迅速な応対：お願い**

お客さまがこれからも部屋にいることを確認したうえで、至急、係の者が行くことを告げます*。「～ので」の後は、このように「～ので、少々お待ちくださいませ」と言って待ってもらうようお願いしても構いませんが、「言いさし*」にして省略して*も構いません*。

ポイント 7

まずは謝罪し、今後このようなことがないよう伝える

本当に申し訳ございませんでした。[おじぎ] 今後は決してこのようなことがないように、十分注意いたします。

謝罪：フレーズ ➡ 行動表明

客室係は、お客さまにまず、謝罪をします。このとき、丁寧に同時礼*でおじぎをします（→p.39）。そして今後このようなことがないよう行動表明を伝えます。このとき、誠実*な態度*（表情や声のトーン）で応対することを心がけましょう。

ポイント 8

一歩進んだ心配りで誠意*を示す*

小川様がお風呂上がりの後に少しでも快適に過ごしていただきたいと思いまして、バスローブも一緒にお持ちいたしました。

理由 ＋ 行動報告

もしよろしければ、お使いください。

➡ 前置き ➡ お願い

バスタオルがないことは、明らかに*清掃係のミス*です。そのミスに対して*謝るだけではなく、一歩進んだ心配りで誠意を見せることが大切です。単にバスローブを持ってきたことを伝えるだけでは、お客さまに誠意が伝わりませんので、しっかりその理由を述べることが大切です。そしてバスローブを使ってもらえるよう頼みましょう。このようにお客さまの要望通りにバスタオルを持っていくだけでなく、バスローブも一緒に持っていくことが「一歩進んだ心配り」になります。怒っているお客さまでもお客さまのために何かをしたことに対して気を悪くする*お客さまはいません。誠実に応対していることを態度で示すことが「おもてなし」につながります。

ポイント 9

承知した後、再度、謝罪をする

かしこまりました。誠に申し訳ございませんでした。

承知 ➡ 深く謝罪（最敬礼）

今後は気をつけてほしいというお客さまの要望を承知したことを伝えたうえで、再度、深く*最敬礼*し、分離礼*で謝罪します（→p.24, 39）。

コラム 客室係の声

客室係は、お客さまから要望などの連絡がきたときには迅速に対応しなければなりません。お客さまからの連絡は「ブランケットがほしい」、「枕がほしい」、「アイロンをすぐ使いたい」などの要望や、「トイレの流れが悪い*」、「お湯の出が悪い*」、「部屋が汚い」「エアコンの使い方がわからない」、「インターネットがうまく繋がらない」などさまざまです。このように、いろいろな問い合わせ*に応対するのが客室係です。

先日、客室の清掃*に行ったとき、前日*にルームサービスで注文した*炒飯*が半分*以上残った*ままでした。清掃スタッフから、「宿泊中のお客さまのものなので、そのままにしておきますか」と聞かれましたが、下げるように指示を出しました*。そして、もしお客さまから「残していた炒飯を返して」と言われた場合、衛生面*を考えて清掃時に下げたということ、そしてもし希望したら新しいものを届ける、という対応をするように、ベルスタッフ、フロントスタッフ、ルームサービスのスタッフと共有しました。これはホテルスタッフ全員*に言えることですが、何かの判断が難しい場面では「それはお客さまにとって必要か、必要ではないのか」をまず考えます。そしてどちらの判断をしても対応できるように考え、行動していれば、大きな問題になることもありません。

お客さまの要望に対応することができないときは、代わりに*何ができるのかを提案したり、お客さまが喜んでもらえることをするのも心配りです。私たちは、お客さまに部屋でゆっくりとくつろいでもらうために、心を込めて対応します。ときには、お客さまの誕生日にお花や果物を置いたりすることもあります。あとでお客さまにお礼を言われるととても嬉しくなります。

ディスカッションポイント

1. お客さまの要望やクレームにはどのようなものがありますか。コラムの内容*を確認した後、他にどんな要望があるか、考えてみましょう。

2. お客さまから「残していた炒飯を返して」と言われた場合、どのような対応をしますか。そして大切なことは、何ですか。

Can-doチェック!

☐ 客室係の業務の流れを理解することができる。
☐ お客さまの要望に迅速に応対することができる。

客室内のことば

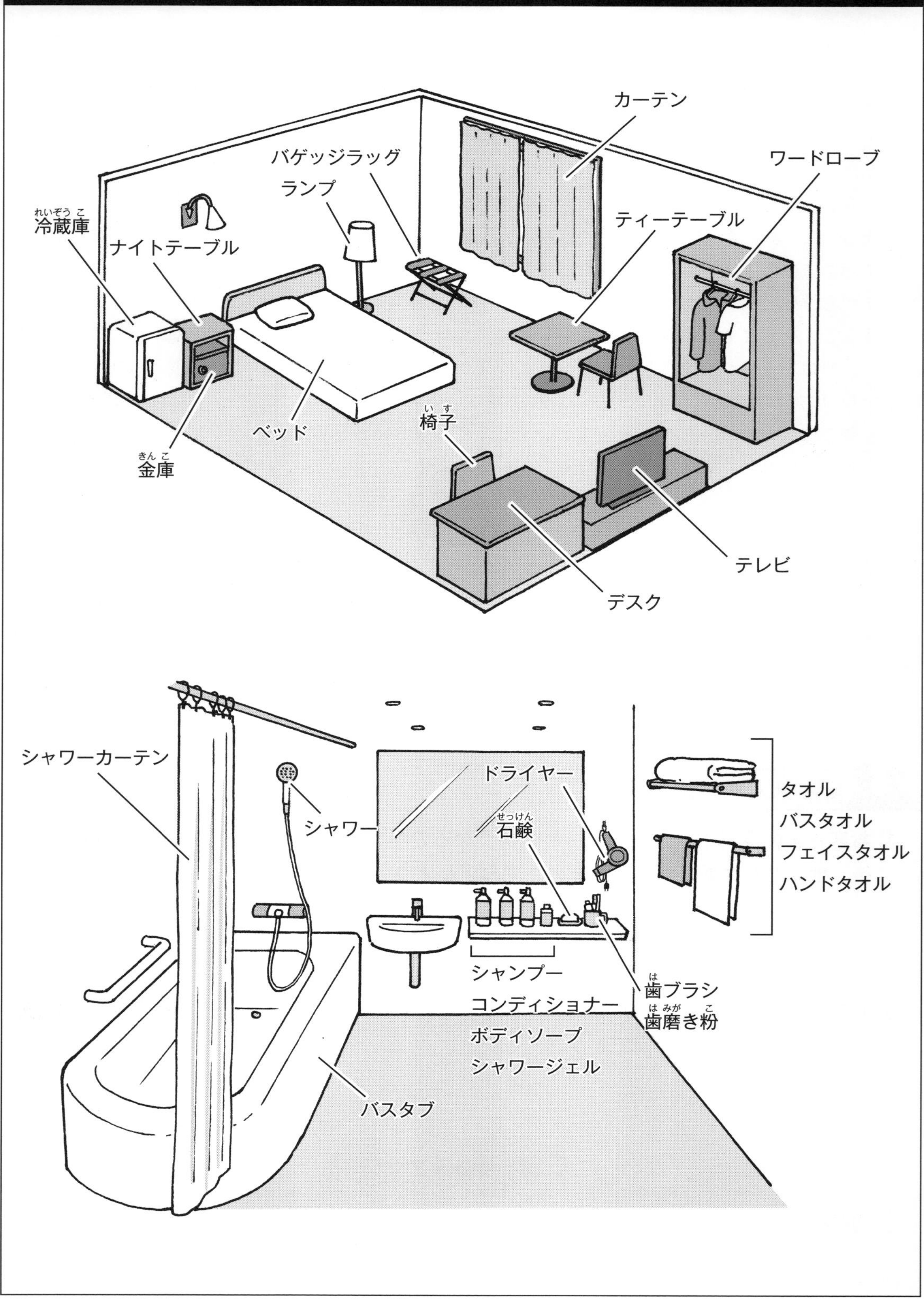
カーテン
バゲッジラッグ
ワードローブ
ランプ
ティーテーブル
冷蔵庫
ナイトテーブル
椅子
ベッド
金庫
テレビ
デスク
シャワーカーテン
ドライヤー
シャワー
石鹸
タオル
バスタオル
フェイスタオル
ハンドタオル
シャンプー
コンディショナー
ボディソープ
シャワージェル
歯ブラシ
歯磨き粉
バスタブ

基本練習

1. 音声を聞いて、おもてなしのフレーズを練習しましょう。🔊05

① 30分以内にお届けできるかと存じます

② ルームサービスでございます

③ 失礼いたします

④ お待たせいたしました

⑤ ごゆっくりお召しあがりください

⑥ 他に何かございましたら、お申し付けください

2. 次の表現は①～⑤のどの意味機能のパターンか、（　）に記号を書きましょう。
また意味機能と場面の正しいペアを線で結びましょう。

a. 中へお運びしてもよろしいでしょうか。

b. よろしいでしょうか。

c. 他に何かございましたら、お申し付けください。失礼いたします。

d. ごゆっくりお召しあがりください。

e. お電話ありがとうございます。890号室の槙原様でございますね。ご注文を承ります。

意味機能		場面
①（　　）確認	・	・料理をセットしおわったとき
②（　　）お願い	・	・部屋の前まで料理を持ってきたとき
③（　　）お願い ➡ あいさつ	・	・お客さまのオーダーを受けるとき
④（　　）感謝 ➡ 確認 ➡ 行動表明	・	・お客さまに確認するとき
⑤（　　）許可を求める 確認	・	・部屋を出るときの挨拶

3. お客さまとスタッフでペアになって問題2の意味機能を見ながら表現を練習しましょう。
この課の動画を見て、おじぎや手の動きなども注意して練習しましょう。

4. お客さまからの電話を丁寧に受ける練習をしましょう。

例 お電話ありがとうございます。（感謝）［890号室の槙原様］でございますね。（確認）

ご注文を承ります。（行動表明）

① 1050号室の比嘉　② 672号室の金城　③ 305号室の水谷

5. お客さまに何ができるか伝えましょう。

例 30分以内に［お届けできる］かと存じます。
情報提供

① 持っていく　② 作る　③ 答える

6. お客さまの注文を確認する練習をしましょう。

例 ご注文の内容は、［ビーフシチューがお2つ、赤ワインのボトルを1本］ですね。
EQ
［グラスはお2つ］でよろしいでしょうか。
許可を求める 確認

① ミックスナッツ*3つ、瓶ビール*1本、グラス3つ

② ナポリタン*1つ、ミックスピザ*1つ、コーラ2つ、グラス2つ

③ チキンカレー*1つ、焼酎*のボトル1本、グラス1つ

7. 実際に動きながらペアでテーブルに料理をセットするときの練習をしましょう。
おじぎや手の動きにも注意しましょう。

例 スタッフ：お待たせいたしました。
行動報告

お客さま：ありがとう。

スタッフ：ごゆっくりお召しあがりください。
お願い
他に何かございましたら、お申し付けください。　失礼いたします。
条件提示 ＋ お願い　あいさつ

8. ペアやグループで、ルームサービスを届けるときに気をつける点について話し合いましょう。

9. 次のような場面では、どのように言いますか。意味機能を見ながら言いましょう。

	場面	意味機能
①	お客さまの注文を確認するとき	EQ ➡ 許可を求める 確認
②	お客さまの部屋にルームサービスを届けたとき	許可を求める 確認
③	料理をテーブルにセットして部屋を出る挨拶をする	お願い ➡ 条件提示 ＋ お願い ➡ あいさつ

応用練習

スタッフ：あなたはおもてなしホテルのスタッフです。お客さまからルームサービスの注文を受けました。注文を受けて、部屋に持っていきましょう。

お客さま：あなたはルームサービスを注文しています。

会話のヒント

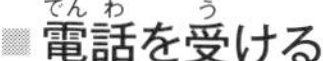

ルームサービスのお願い

感謝 ➡ A. お客さまの名前と部屋番号の 確認 ➡ 行動表明

B. 注文

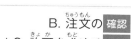

B. 注文の 確認
＋C. 許可を求める 確認

返答 ＋ 質問

情報提供

返答（ではお願いします）
⇨ お願い

① A. 709号室の北川
B. ステーキ*とサラダセット2つ
赤ワインのボトル1本
チョコレートケーキ2つ
C. グラス2つ

② A. 1518号室の岩沢
B. 枝豆*
グリルチキン*1つ
瓶ビール2本
C. グラス1つ

③ 自由に考えて話しましょう

④ 録画してポートフォリオを作りましょう

確認チェック

1. □ ルームサービスの業務の流れを理解することができた。
2. □ 電話をもらった感謝を伝え、客室番号と名前を確認した後、注文を受けることができる。
3. □ 注文の確認ができる。
4. □ 料理のお届けにどのくらいかかるのか情報を伝えることができる。
5. □ 部屋に運んでいいか聞くことができる。
6. □ 部屋に入ってテーブルをセットしていいか聞くことができる。
7. □ 待たせたと伝えることができる。
8. □ セットしおわった後の挨拶ができる。
9. □ スタッフが部屋を出るときの挨拶ができる。

おもてなしの基本マナー

物の受け渡し

物を渡すときや、受け取るときは両手で行います。渡すときは、相手が受け取りやすい位置に合わせましょう。

ポイント

相手との距離があって、片手で渡す（受け取る）場合は、もう片方の手を添えて「片手で失礼します」と言って渡します（受け取ります）。そうすると、「気持ちとしては両手で渡しています（受け取っています）」ということを表せます。

両手で渡す場合

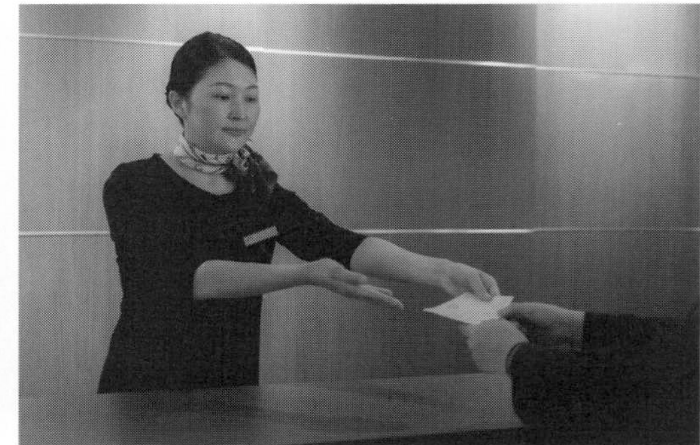

片手で渡す場合

コラム
ルームサービススタッフの声

ルームサービスは、ホテルに泊まった人だけが得られるホテルのおもてなしです。ただ料理を部屋まで運ぶだけではなく、一歩進んだ心配りが大切です。

ある日、デラックスルーム*に泊まっているカップルから、ディナーコース*のオーダーが入りました。その他に、ボトルワイン*もオーダーされ、19時半に届けてほしいということでした。そのとき、「これは部屋でゆっくり過ごして楽しみたいんだな」と思ったので、雰囲気*を感じてもらおうと、クリスマス用のキャンドル*をワゴンに乗せました。せっかくの2人の時間なので、「塩がほしい」、「フォークが足りない」などで再度部屋に伺うことがないように、料理を運ぶ前に何度も*確認をしました。そして、実際に*部屋に料理をお持ちしたとき、そのキャンドルの雰囲気に、女性客がとても喜んでくださりました。

このような「おもてなし」も大切ですが、まずは基本の業務をしっかりと、ミスをしないようにすることが一番重要なのです。あるとき、お客さまの部屋にルームサービスを届けた5分後に、「フォークが1本足りない*ぞ！」と電話が入り、すぐにお持ちし、お詫び*をしました。その数分後にまた「バター*とタバスコ*もないじゃないか。なんで1回できちんと*準備して持ってこないんだ！」と電話がありました。基本的*なことを指摘されたため、何も言えず、ただ謝罪するしかありませんでした。お客さまが頼んだ料理にあわせて、必要だと思われるものはすべて準備して持っていくことが大切だと実感しました。

ディスカッションポイント

1. このコラムの一歩進んだ心配りは、どんなことですか。

2. お客さまからのクレームを回避するためには、何をしなければなりませんか。

Can-doチェック!

□ ルームサービスの業務の流れを理解できる。
□ 注文を受けて料理を届けることができる。

ルームサービスで使（つか）うことば

卵料理（たまごりょうり）

目玉焼（めだまや）き　スクランブルエッグ　ゆで卵（たまご）　オムレツ

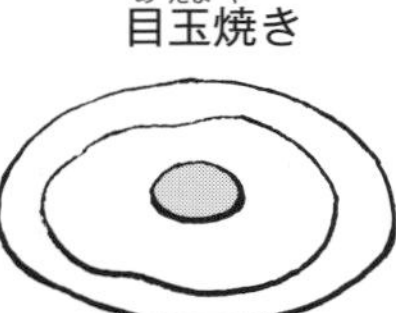

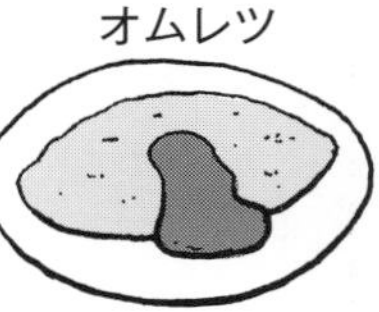

朝食（ちょうしょく）

サラダ　フルーツ

トースト、ベーコン、目玉焼（めだまや）き

昼食（ちゅうしょく）

サラダ　パン

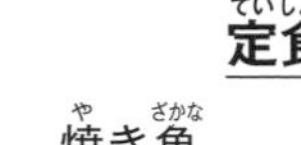
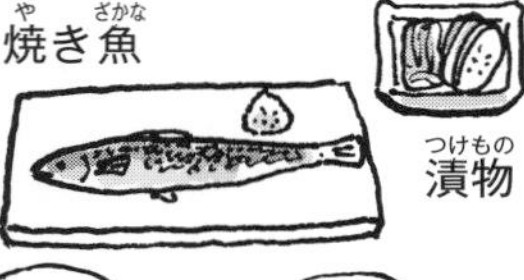

ジュース

パスタ

夕食（ゆうしょく）

サラダ　ステーキ　温野菜（おんやさい）

ライス　スープ

定食（ていしょく）

焼（や）き魚（さかな）　漬物（つけもの）

ご飯（はん）　みそ汁（しる）

一品料理（いっぴんりょうり）

カレーライス　うどん　グラタン

フルコースのメニュー

オードブル（前菜（ぜんさい））　スープ　魚料理（さかなりょうり）

シャーベット　肉料理（にくりょうり）　デザート

第6課

対応（コンシェルジュ）

Can-do

- □ コンシェルジュの業務の流れを理解することができる。
- □ お客さまの要望に丁寧に対応することができる。

第6課　対応（コンシェルジュ）

第6課は、コンシェルジュの対応です。「ゲストリレーションズ」や「ソーシャルディレクター」と呼ぶこともあります。コンシェルジュは、お客さまからのさまざまな問い合わせや、要望に応えなければなりません。

すぐに対応ができるものもあれば、不可能に近い要望もあるでしょう。しかし、まずはどのような要望にも「できません」とは言わず、さまざまな方法を見つけることが大切です。どうしても難しい場合は、代替案を提案するなどし、常に最善を尽くすことが大切です。

コンシェルジュは豊富な知識が求められます。ホテル内のことだけでなく、周辺の観光名所やレストラン、交通についてあらかじめ調べておいたり、普段からさまざまな情報を自ら収集することが大切です。それもすべて、お客さまへのスムーズな案内、おもてなしにつながるのです。

Section 6 handles guest support of the concierge. They are also sometimes called "guest relations" or "social director." The concierge must respond to various inquiries and requests from guests.
Some requests can be handled immediately, while others may be next to impossible. However, it is important to first find various ways to meet any request without simply saying "we can't do that." If there is any difficulty, it is important for a concierge to always do their best, for example, by proposing an alternative solution.
Concierges are required to have a wealth of knowledge. They must gather a variety of information for themselves on a regular basis, not only about the hotel itself, but also about nearby tourist attractions, restaurants, and transportation, and to do plenty of advance research. It all adds up to smooth guidance and hospitality for hotel guests.

第6课介绍“礼宾员”的接待。“礼宾员”有时也被称为“宾客关系员”或“社交主管”。礼宾员必须回应客人的各种咨询和要求。
有些要求可以立即满足，有些则几乎不可能做到。不过，重要的是不要先对任何要求说“我做不到”，而是要找到不同的方法。确实难以做到时，重要的是始终尽最大努力，例如提出替代解决方案。
礼宾员需要具备丰富的知识。不仅要了解酒店内部，还要事先了解附近的旅游名胜、餐厅和交通情况，平时自行收集各种信息也很重要。这一切都有利于顺利为客人做介绍和提供热情的服务。

Công việc để cập đến trong bài 6 đó là xử lý các tình huống của nhân viên nhân viên hỗ trợ khách hàng. Còn được gọi là「ゲストリレーションズ」(Gues Relation- nhân viên quan hệ khách hàng) hay「ソーシャルディレクター」(social director- trợ lý hỗ trợ khách VIP hoặc thông dịch cho khách là người nước ngoài). Nhân viên hỗ trợ khách hàng sẽ phải trả lời những yêu cầu và thắc mắc của khách.
Có những việc có thể xử lý được ngay, nhưng có lẽ cũng có những yêu cầu gần như không thể. Tuy nhiên, trước hết không được nói là "không thể" với bất cứ yêu cầu nào, mà phải tìm nhiều cách thực hiện đó mới là việc quan trọng. Trong trường hợp thực sự khó khăn, thì có thể đưa ra các phương án thay thế, điều quan trọng ở đây là lúc nào cũng luôn cố gắng hết sức.
Nhân viên hỗ trợ khách hàng cần có kiến thức phong phú. Không chỉ trong khách sạn, mà việc tra cứu trước các điểm tham quan du lịch, nhà hàng, cũng như thông tin về giao thông, việc từ mình thu thập nhiều thông tin hàng ngày là điều quan trọng.

主な業務

- ホテル周辺や施設、場所の案内
- 観光名所、レストランの案内
- 予約手配・変更・キャンセル
（交通機関、レストラン、各種チケットなど）
- メールやメッセージの保管・伝言
- リクエスト対応
- VIP対応
- 病院の手配

対応時に気をつけること

①宗教上の理由

ホテルには、さまざまな国のお客さまが来ます。言葉はもちろんのこと、文化が異なると食事や習慣、慣習も異なるでしょう。また宗教もさまざまです。宗教上食べられないもの、禁じられているものなどもあります。きちんとお客さまに確認をして案内しましょう。思い込みで判断してはいけません。

②アレルギー

アレルギーは命に関わることなので、細心の注意を払わなければなりません。アレルギーで食べられないものがあるという情報をお客さまから得た場合、すぐに関連部署に連絡をしましょう。食物アレルギーの原因となるものには、牛乳や卵、小麦が多く、その他にはピーナッツ、かにやえび、そばなどがあります。また、食事だけでなく、ホコリや香りなどに敏感なお客さまもいます。どんなに小さなことでも、お客さまの様子で気づいたことがあれば、確認をしたり、情報を共有したりしておくことが大切です。

考えましょう

1. お客さまから「出発まで時間があるので周辺の観光地を案内してほしい（教えてほしい）」という問い合わせがありました。お客さまに何か確認することはありますか。

2. 宿泊のお客さまから「今日は母の誕生日なのでサプライズでお祝いをしたい」とリクエストがありました。あなたならどのように対応しますか。

▷見てみましょう

見る前に話し合いましょう

1 お客さまに「おすすめのレストランはないか」と聞かれ、調べる前に何を確認しておくべきでしょうか。

2 おすすめのレストランを紹介するとき、そのレストランの行き方を説明しますが、一歩進んだ心配りはどんなことでしょうか。

▷ 13

会話① 〈コンシェルジュデスクでおすすめを聞く〉

お客さま：すみません、この近くでおすすめのレストランはありますか。

コンシェルジュ：(1)はい、すぐにお調べします。お料理やご予算*など何かご希望はございますか。

お客さま：そうですねー、イタリアン*がいいかな。今日は結婚記念日なので、雰囲気がいいレストランがいいな。[ホテル内にイタリアンがない場合]

コンシェルジュ：それはおめでとうございます。(2)この近くですと、ミラノドォーモがございます。当ホテル*から徒歩*3分ほどの距離*でございます。

お客さま：じゃあ、そこに行ってみようかな。そこまでどうやって行ったらいいの？

コンシェルジュ：(3)ホテル正面*玄関*を出て左にお曲がりください。3分ほど歩きますと右側にございます。(4)もしよろしければ、お席が空いているか確認いたしましょうか。

お客さま：じゃあ、お願いします。

コンシェルジュ：(5)かしこまりました。確認いたしますので、少々お待ちください。

お客さま：ありがとう。

見た後で確認しましょう

1 「おすすめのレストラン」を探すときに、何を確認しますか。

2 一歩進んだ心配りは、何ですか。

見る前に話し合いましょう

1 お客さまの佐藤様が何かを探しています。どのように声をかけますか。

2 お客さまの紙袋*がないか調べるので、ここで待ってもらいたいとき、何と言いますか。

▷ 14

会話② 〈ロビーでコンシェルジュが話しかける〉何かを探している佐藤様がいる

コンシェルジュ：(6)佐藤様、何かお探しでいらっしゃいますか。

お客さま：ロビーにおいておいた「鈴木屋」の紙袋が見当たらない*んです。

コンシェルジュ：(7)紙袋、お1つでございますね。

お客さま：はい。そうです。

コンシェルジュ：(8)かしこまりました。ただいま、お調べいたしますので、そちらで少々*お待ちいただけますでしょうか。[おじぎ]

お客さま：はい。わかりました。

コンシェルジュ：[調べた後] (9)佐藤様、大変お待たせいたしました。ベルデスクにお忘れ物*として届いておりました。

お客さま：よかった。ありがとう。

見た後で確認しましょう

1 お客さまの要望を聞いたとき、まず、何と言いますか。

2 お客さまが探している紙袋が見つかったとき、お客さまにまず、何と言いますか。

ここがポイント!

会話① 〈コンシェルジュデスクでおすすめを聞く〉

ポイント1

お客さまの要望を聞き、すぐ応対する

はい、すぐに お調べします。 お料理やご予算など何かご希望はございますか。

前置き ＋ 行動表明：フレーズ ➡ 確認

お客さまの要望に的確に*応えるためには、どんな食事をしたいのか希望を聞きます。まず、スタッフが迅速にお客さまの要望に応えるという意を表す*前置きの「すぐに」を言ってから「お調べします」と、これから何をするのか行動表明をします。そして、料理、予算などの希望を確認します。スタッフにとっていいレストランだと思ってもお客さまにとっていいレストランとは限りません*ので、必ず、お客さまに希望を聞きましょう。このとき、アレルギー*はあるか、食べられないものはあるか、嫌いなものはあるか、何人で行くのか、誰と行くのかなどを聞くのもいいでしょう。この確認をすることが「相手を思う心」です。お客さまの好み*を探った*うえでお客さまにとって最適*のレストランを勧める*ことが「おもてなし」です。この他、コンシェルジュはおすすめの観光地*を聞かれることも多いです。普段*から情報を集めておくといいです。

ポイント2

お客さまに情報を伝える

この近くですと、ミラノドォーモがございます。 当ホテルから徒歩3分ほどの距離でございます。

条件提示 ＋ 提案 ➡ 情報提供

単にレストランの提案をするだけでは十分とは言えません。そのレストランの情報を提供することも「相手を思う心」です。情報提供は、そのレストランの場所を伝えたり、ホテルからどのくらいの距離にあるかも伝えたりします。行き方が難しい場合、地図を書きながら説明したり、アクセス方法*を印刷して渡したりするのもいいでしょう。歩いていけない距離にある場合は、タクシーでどれくらいかかるのかなど、行く方法の情報も伝えるといいでしょう。また、提案するときは、1つではなくいくつか*案*を出すようにしましょう。お客さまに案を選んでもらうこと（お客さまに選択肢*を与える*こと）は、丁寧な応対で「おもてなしの心」です。このように相手を思いやったり、気遣ったり*することは、接客において重要なポイントなので覚えておきましょう。

ポイント 3

レストランへの行き方の説明

ホテル正面玄関を出て左にお曲がりください。3分ほど歩きますと右側にございます。

お願い ➡ 情報提供

お客さまにレストランへの行き方を説明しています。「お＋V-~~ます~~形＋ください」でお客さまにどのようにして行くかを伝えています。場面は異なりますが、この形をよく使います。道や場所を案内するときには、「左に曲がる」「角*を曲がる」「まっすぐ進む」「まっすぐ行く」「信号を渡る」などがあります。丁寧に言うときは「辞書形」ではなく、「3分ほど歩きますと」のように「ます形」を使います。

ポイント 4

お客さまの要望がなくても提案する

もしよろしければ、お席が空いているか確認いたしましょうか。

前置き ＋ 提案：一歩進んだ応対

「もしよろしければ」は提案や代案をするときの前置き表現です。クッション言葉とも言われています。このような「前置き＋提案」は「一歩進んだ応対」をするときにこのパターンを使います。これは、お客さまから要望があったわけではありませんが、「相手を思う心」を示しています。

ポイント 5

お客さまの要望に従い*、待ってもらうよう頼む

かしこまりました。確認いたしますので、少々お待ちください。

承知：フレーズ ➡ 理由 ＋ お願い：フレーズ

お客さまの「お願いします」に対しては、いつも「承知 ➡ 理由＋お願い」のパターンで言います。ここは、ただ、待ってもらうようお願いするのではなく、何のために待ってもらうのか、その理由を言います。これを言うことでお客さまは、なぜ待つのかその理由がわかります。これも心配りの一つです。「確認する」のほか、「調べる」などもよく使います。「調べる」は「お調べいたします」となり、「お＋V-~~ます~~形＋いたす」の形です。この「確認する」の動詞の謙譲語には「ご」がつきませんので注意しましょう。一方、「案内する」「連絡する」などは「ご＋V-~~する~~＋いたす」の形です。

会話② 〈ロビーでコンシェルジュが話しかける〉

ポイント 6

困っているお客さまを見つけて声をかける

佐藤様、何かお探しでいらっしゃいますか。

呼びかけ ＋ 確認

コンシェルジュは、常に*お客さまの様子*に気を配ら*なければなりません。何かを探しているお客さまがいれば、声をかけ手伝います。呼びかけは、なるべくお客さまの名前で呼びます。一度、聞いたお客さまの名前は覚えておくといい印象を持ってもらえます。「Nです」の尊敬語は「Nでいらっしゃいます」ですが、この場合、「探す」を名詞化して「お＋V-~~ます~~形」にします。

ポイント 7

お客さまの言葉を復唱する

紙袋、お1つでございますね。

EQ ：復唱

お客さまが言ったことを EQ で復唱することが間違えを起こさない*鍵です。復唱することで荷物の数や特徴を正確にゲストと共有することができます。お客さまのお手回りの品は、紙袋、かばん、買い物袋などです。数詞は、1つ、2つ、3つと数えることもありますが、1個、2個、3個と数えることもあります。

ポイント 8

お客さまの要望に応える

かしこまりました。ただいま、お調べいたしますので、そちらで少々お待ちいただけますでしょうか。［おじぎ］

承知 ➡ 前置き ＋ 理由 ＋ お願い ：フレーズ

お客さまの要望に対するスタッフの応対は、大抵*、この「承知 ➡ 前置き ＋ 理由 ＋ お願い」のパターンです。お客さまに「お待ちいただけますでしょうか」だけを言うのではなくこのパターンで言うことで丁寧度は上がります。単に待ってもらうことを伝えるのではなく、何のためにどこで、どのくらいの時間待つのか、お客さまに伝えることで丁寧度がさらに上がり、お客さまは、自分が対応してもらっていることを理解することができます。また、「ただいま」の 前置き で迅速に応対していることが理解できます。「お＋V-~~ます~~形＋いただけますでしょうか」の文型も練習しましょう。「待つ」の他に「取る」「座る」「読む」などをよく使用します。他に「ご＋V-~~する~~＋いただけますでしょうか」は、「記入」「連絡」などをよく使います。

丁寧度（低 ➡ 高）

- 少々、お待ちいただけますでしょうか。
- こちらで少々お待ちいただけますでしょうか。
- ただいま、お調べいたしますので、こちらで少々お待ちいただけますでしょうか。
- かしこまりました。ただいま、お調べいたしますので、こちらで少々お待ちいただけますでしょうか。

ポイント 9

お客さまを待たせた後、結果を報告する

佐藤様、大変お待たせいたしました。ベルデスクにお忘れ物として届いておりました。

呼びかけ ＋ 行動報告 ：フレーズ ➡ 行動報告

調べた後、まず、お客さまに呼びかけて、報告をします。これは待たせた後のパターンです。語彙*が変わることはありますが、この意味機能のパターンが使われます。

基本練習

1. 音声を聞いて、おもてなしのフレーズを練習しましょう。🔊 06

① すぐにお調べします

② お料理やご予算など何かご希望はございますか

③ かしこまりました

④ 少々お待ちください

⑤ ただいま、お調べいたしますので

⑥ こちらで少々お待ちいただけますでしょうか

2. 次の表現は①～④のどの意味機能のパターンか、（　）に記号を書きましょう。
また意味機能と場面の正しいペアを線で結びましょう。

a. この近くですと、ミラノドォーモがございます。当ホテルから徒歩3分ほどの距離でございます。

b. かしこまりました。確認いたしますので、少々お待ちください。

c. 佐藤様、何かお探しでいらっしゃいますか。

d. もしよろしければ、お席が空いているか確認いたしましょうか。

意味機能		場面
①（　）承知 ➡ 理由＋お願い	・	・一歩進んだ応対をするとき
②（　）提案 ➡ 情報提供	・	・お客さまに情報を伝えるとき
③（　）前置き＋提案	・	・お客さまに声をかけるとき
④（　）呼びかけ＋確認	・	・お客さまに待ってもらうとき

3. お客さまとスタッフでペアになって問題2の意味機能を見ながら表現を練習しましょう。
この課の動画を見て、おじぎや手の動きなども注意して練習しましょう。

4. 次の動詞を丁寧な言葉にしてお客さまにお願いしましょう。

「お＋V（ます形）いただけますでしょうか/ご＋V（する動詞）＋いただけますでしょうか」

例1：待つ ➡ お待ちいただけますでしょうか。

例2：記入 ➡ ご記入いただけますでしょうか。

① 取る　　② 座る　　③ 連絡　　④ 確認　　⑤ 読む

5. お客さまにレストランを案内する練習をしましょう。

例 [この近く] ですと、[ミラノドォーモ] がございます。

条件提示 ＋ 提案

[当ホテルから徒歩3分] ほどの距離でございます。

情報提供

① この近く/レストラン・コンチェルト/このホテルから徒歩5分

② 駅の近く/北京亭/駅から徒歩1分

③ 博物館の近く/あさと食堂/博物館から車で2分

6. お客さまに希望の場所の行き方を案内しましょう。

例 ホテル正面玄関を出て [すぐ左にお曲がりください]。

お願い

[3分ほど歩きますと右側にございます]。

情報提供

① すぐ右に曲がる/最初の信号を右に曲がると左側にある

② まっすぐ進む/2つ目の信号を左に曲がると右側にある

③ 左に曲がる/そのまままっすぐ進んで交差点*を右に曲がると左側にある

7. お客さまの希望をよく聞いて、お客さまにおすすめの場所を紹介しましょう。
ペアで地図（p.100）を見ながらお客さまを案内しましょう。

例 お客さま：[食事をしたい] んですけど、この辺におすすめのところ、ありますか。

① お土産を買いたい　② 美術館に行きたい　③ 博物館に行きたい

8. ペアやグループで、お客さまが希望する場所の案内をした後に「一歩進んだ応対」をする場合、どんな応対ができるか話し合いましょう。

9. 次のような場面では、どのように言いますか。意味機能を見ながら言いましょう。

	場面	意味機能
①	お客さまに声をかけるとき	呼びかけ＋確認
②	お客さまの言ったことを確認するとき	EQ
③	お客さまの要望に応える	承知 ➡ 前置き＋理由＋お願い
④	一歩進んだ応対をするとき	前置き＋提案

応用練習

スタッフ：あなたはおもてなしホテルのスタッフです。お客さまからレストランについて聞かれたので、丁寧に応対しましょう。
お客さま：ホテルの近くにいいレストランがないかスタッフに聞いてみましょう。

会話のヒント

① A. シーフード*/妻の誕生日/夜景*がきれいなところ
B. レストラン・デ・ヴィラ
C. ホテル正面玄関を出て左に曲がる/最初の信号を右に曲がると右側にある
D. 予約ができるか確認する

② A. 和食/夫の誕生日/お酒の種類が多いところ
B. 割烹*さくら
C. ホテル正面玄関を出てまっすぐ進む/交差点を左に曲がると左側にある
D. 席が空いているか確認する

③ 自由に考えて話しましょう

④ 録画してポートフォリオを作りましょう

確認チェック

1. □ コンシェルジュの業務の流れを理解することができた。
2. □ お客さまの要望を聞き、すぐ応対することができる。
3. □ お客さまに情報を伝えることができる。
4. □ レストランへの行き方の説明ができる。
5. □ お客さまの要望がなくても提案し、一歩進んだ応対ができる。
6. □ お客さまの要望に従い、待ってもらうよう頼むことができる。
7. □ 何かを探している様子のお客さまを見つけて声をかけることができる。
8. □ お客さまの言葉を復唱することができる。
9. □ お客さまの要望に応えることができる。
10. □ お客さまを待たせた後、結果を報告することができる。

おもてなしの基本マナー

距離の示し方

お客さまを案内するとき、腕を伸ばしたり、縮めたりすることで、距離を伝えることができます。方向を示すときは、指だけで指すのではなく、指をそろえて手で示しましょう。

こちら

あちら

そちら

コラム
コンシェルジュスタッフの声

コンシェルジュ・デスクに来るお客さまの問い合わせや要望はさまざまです。その中でも、ホテル周辺の観光名所*やおすすめのレストランを聞かれることが多くあります。それから、映画館や美術館の情報を伝えたり、新幹線やバスなどの予約、タクシーの手配*などもします。お客さまの要望を聞くときは、お客さまがどうしたいのか、何をしてほしいのかをよく確認したうえで提案をします。もしお客さまの要望に応えられないときは、代わりの案をいくつか伝えます。

ある日、ご夫婦から「この近くで和食*を食べたい」との問い合わせがありました。近くということだったので、その希望を優先し*、回転寿司*と居酒屋*をご案内しました。そうしたら、「私たちの格好*がそんなお店に行くように見えるのか！おしゃれ*して出てきたのに！」と怒らせてしまいました。相手の言うことを、そのまま受け止める*のではなく、服装や態度、言葉遣い、お連れ様との接し方*など、いろいろなことに気を配ることで、お客さまが言葉にしていない気持ちまでを理解する*ことが大切なんだとわかりました。相手の言ったことだけを聞くのではなく、その言葉にどのような思いがあるのかを考えなければ、同じようなことが起こるのです。今回は、どのような和食がいいのか、もう少しお客さまの要望を確認していればよかったと思います。

そして、日頃からホテルのことだけではなく、いろいろな情報を集めることが大切です。仕事が休みの日などは、実際にホテルの周辺*を歩いてみたり、レストランで食事をしたりします。新しくできたカフェを見つけたら入ってみます。何度も同じホテルを利用するお客さまには、ガイドブック*にのっていないようなところや新しくできたところを案内すると喜ばれます。海外から来たお客さまからは、目的地*までの行き方に関する*問い合わせが多いので、実際にどのくらい時間がかかるのか、自分で歩いてみたり、電車に乗ったりして、確認します。そして、お客さまに提案できる場所を探して、仕事に役立てています*。

ディスカッションポイント

1. この夫婦に和食のレストランを提案する前に、他にどんなことを聞いておくべきだと思いますか。

2. コンシェルジュは、お客さまから聞かれたとき、困らないように、何を準備しておくべきだと思いますか。例 時刻表

Can-doチェック！

- □ コンシェルジュの業務の流れを理解することができる。
- □ お客さまの要望に丁寧に対応することができる。

練習問題で利用する地図のイラスト

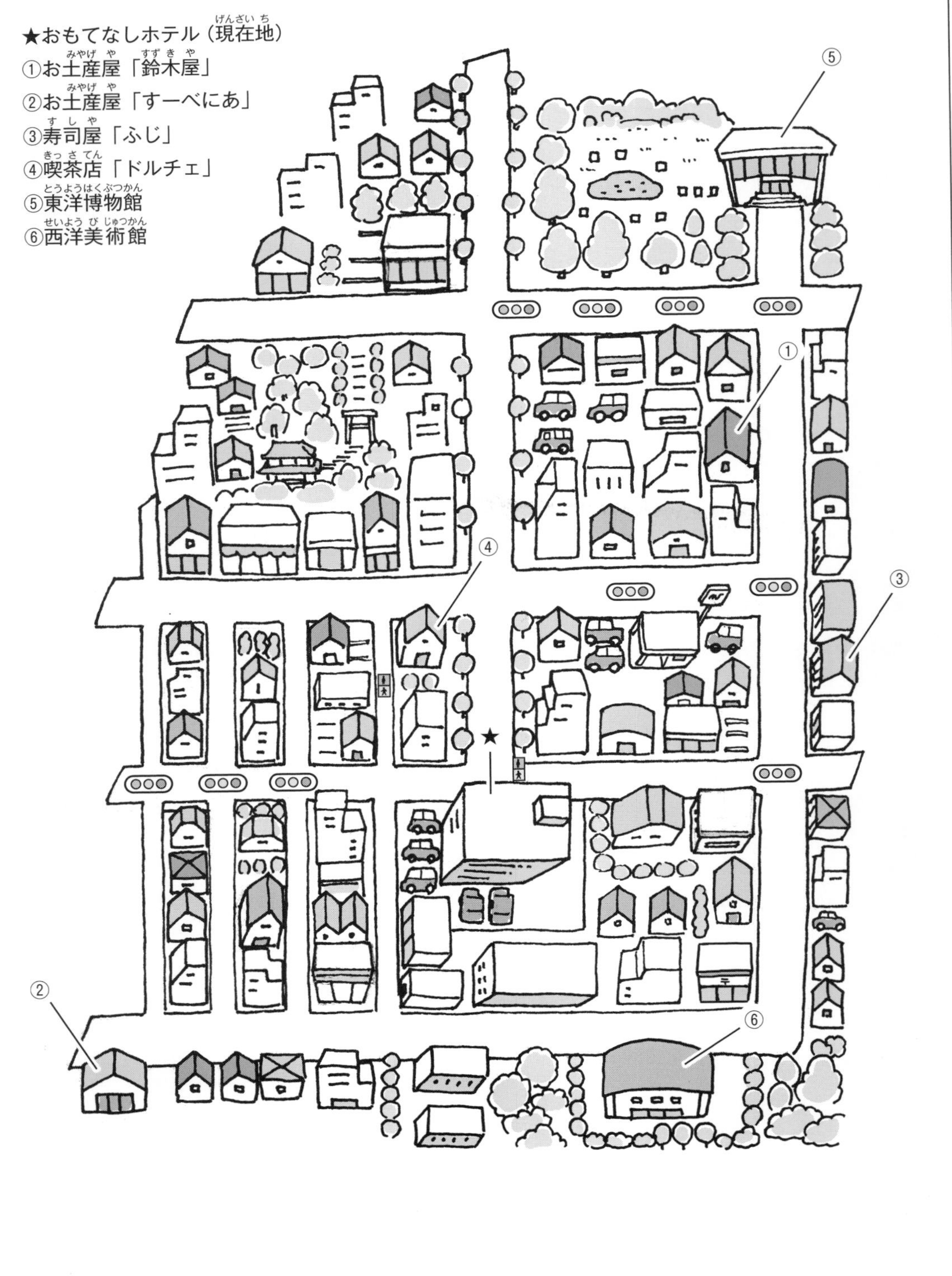

第7課

チェックアウト（フロント）

Can-do

□ チェックアウト時のフロントの業務を理解することができる。
□ フロントでチェックアウト業務をし、お客さまをお見送りすることができる。

第7課　チェックアウト（フロント）

第7課は、フロントのチェックアウトです。フロントのチェックイン業務については第2課を見てください。この課では主にフロントのチェックアウト業務と電話応対について説明します。

チェックアウトは、ほとんどの場合、午前中にチェックアウト時間を設定しているので、フロントが混み合うことが予想されます。最近では、宿泊代金の支払いをチェックイン時に行ったり、事前にお客さま自身がネット決済をしたりしていることもあります。そのため、チェックアウトは追加料金の確認やルームキーの返却、領収書が必要なお客さまへの対応となります。まずは、フロントにルームキーを持ってきたお客さまに対して、必ずチェックアウトかどうかを確認しましょう。延泊の申し出や、長期滞在者の定期支払いということもあります。

Section 7 handles check-out of reception staff. See Section 2 for information on reception check-in duties. This section primarily describes reception check-out duties and telephone answering requirements.
Check-out time is set for the morning in most cases; expect reception to be crowded. Nowadays, payment for lodging may be made at check-in, or guests may pay online in advance. Therefore, check-out is often more about guests who need to confirm additional charges, return room keys, and receive a receipt. First of all, always check with guests who bring their room key to reception to see if they are checking out. They may want to arrange an extra night or make a regular payment for a longer stay.

第7课介绍"前台"的退房。有关前台办理入住手续的工作，请参见第2课。本课主要介绍前台/接待处办理退房和接听电话的工作。
退房时间几乎都定在早上，可以预料到前台会很忙。如今，客人可以在办理入住手续时支付住宿费用，也可以提前在网上支付。因此，办理退房手续时需要确认有无额外费用、收回房间钥匙、向有需要的客人提供收据。客人带着房间钥匙来到前台，首先一定要确认他们是否要退房。有时客人是来申请延长入住时间，也可能是长期住客前来定期付款。

Công việc để cập đến trong bài 7 đó là thủ tục trả phòng của nhân viên Lễ tân. Công việc của lễ tân lúc làm thủ tục nhận phòng, các bạn hãy xem trong bài 2. Ở bài này, chúng tôi sẽ để cập đến công việc của lễ tân làm công việc lúc trả phòng và trả lời điện thoại.
Hầu hết việc trả phòng đều được ấn định vào buổi sáng, vì vậy có thể dự đoán trước là khu vực ở lễ tân sẽ đông. Gần đây, việc thanh toán tiền phòng được tiến hành lúc nhận phòng và cả thực hiện thanh toán trước bằng hình thức trả qua mạng. Vì vậy, việc trả phòng thường sẽ xác nhận những chi phí phát sinh thêm và trả chìa khóa phòng, hay cung cấp biên lai cho những khách cần. Trước hết, đối với những người khách mang thẻ khóa phòng đến lễ tân, nhất định chúng ta sẽ phải xác nhận xem họ có trả phòng hay không. Bởi có khi có khách muốn kéo dài thời gian lưu trú, hoặc là những vị khách lưu trú dài hạn đến thanh toán tiền lưu trú.

チェックアウトの流れ

① チェックアウトかどうか確認する
② ルームキーを返却してもらう
③ 追加の精算がないか確認する ➡ あれば精算
④ 預かっていた荷物やメッセージなどはないか確認する
⑤ 領収書を渡す

フロントでは、電話応対も業務の一部です。もちろんお客さまからだけでなく、他部署のスタッフや業者などからの連絡もあるでしょう。顔が見えない分、明確に簡潔に用件を伝える必要がありますので、専門用語などは避け、はっきり話すことが大切です。また、お客さまから外線で電話が入ったとき、通話料金はお客さま負担になっていますので、そのことを念頭に置き、対応するようにしましょう。長くなる場合は、かけなおすようにしましょう。以下、基本的な電話応対の流れです。

基本的な電話応対の流れ （詳しくはp.114を参照）

①電話を受ける
「お電話ありがとうございます。（ホテル名）でございます」
②お客さまの確認をする
③用件を確認する
④終わりのあいさつ
「お電話ありがとうございました。私、〇〇（自分の名前）が承りました」
⑤電話を切る
「失礼いたします」

考えましょう

チェックアウトをしたお客さまから、部屋に忘れ物をしたから確認してほしいと電話がありました。どのように対応しますか。

▷見てみましょう

見る前に話し合いましょう

1 チェックアウトをしにきたお客さまに、まずはどのような気遣いをしますか。

2 チェックアウトが終了した後、「お気をつけて行ってらっしゃいませ」と言いますが、どうしてだと思いますか。

▷ 15

会話① 〈チェックアウト業務〉

お客さま：チェックアウトお願いします。

フロント：(1)かしこまりました。
小川様、昨日はゆっくりお休みいただけましたか。[笑顔]

お客さま：はい、ありがとう。

フロント：(2)今回のご利用について、明細書*をご確認いただけますでしょうか。
(3)追加のお支払い*はございません。こちらは領収書*でございます。

お客さま：はい、ありがとう。

フロント：(4)ご利用ありがとうございました。またお待ちしております。お気をつけて行ってらっしゃいませ。[おじぎ]

見た後で確認しましょう

1 追加の支払いがない場合、どのように言って領収書を渡しますか。

2 チェックアウトが終了した後は、どのような挨拶をしますか。おもてなしのフレーズを考えてみましょう。

見る前に話し合いましょう

1 お客さまが「タクシーに乗りたいんですが……」とフロントまで言いにきました。お客さまは、スタッフに何をしてもらいたいのでしょうか。このようにお願いしたいことをはっきり言わないことが多いです。

2 お客さまのためにタクシーを呼ぶときは、お客さまに何を確認しますか。

▷ 16

会話②〈お客さまの要望に応える〉

お客さま：すみません。

フロント：はい。

お客さま：タクシーに乗りたいんですが……

フロント：承知いたしました。佐藤様ですね。
(5)ただいま、お呼びいたしますので、そちらの椅子におかけになって*、お待ちください。(6)行き先はお決まりでいらっしゃいますか。

お客さま：はい、東京駅まで。

フロント：(7)かしこまりました。配車*ができましたら、運転手*に伝えておきます。

お客さま：ありがとう。お願いします。

［しばらくして］

フロント：(8)大変お待たせいたしました。タクシーが参りました。どうぞ。

お客さま：ありがとう。

見た後で確認しましょう

1 タクシーが来るまでお客さまには待ってもらいますが、何と言いますか。

2 お客さまがタクシーを待っています。タクシーが来たとき、何と言いますか。そして何をしますか。

ここがポイント!

会話① 〈チェックアウト業務〉

ポイント 1

チェックアウトの要望を受ける

かしこまりました。小川様、昨日はゆっくりお休みいただけましたか。［笑顔］

承知：フレーズ ➡ 呼びかけ ＋ 確認：フレーズ

チェックアウトするお客さまには、この「承知 ➡ 呼びかけ＋確認」のパターンで言いましょう。承知のフレーズの後でゆっくり休めたか、くつろげたか、部屋はどうだったかなど、宿泊について確認するようにしましょう。朝はお客さまが急いでいる場合もありますが、なるべく、滞在*の感想を聞くようにします。笑顔での応対を心がけましょう。

ポイント 2

明細書の確認のお願いをする

今回のご利用について、明細書をご確認いただけますでしょうか。

トピック ＋ お願い

トラブルを回避するために、明細書の内容（料金）について正しいかどうか確認することはチェックアウトの基本です。「利用」は、「ご」が前につきます。「利用」の他に「記入」、「連絡」、「相談」、「承諾*」、「宿泊」、「滞在」などには「ご」がつきます。いずれもホテルで使用する語なので、覚えておくと便利です。確認のお願いの「ご確認いただけますでしょうか」の「確認」は、お客さまが確認するので「ご」がつきますが、スタッフが確認する場合の「確認いたします」には、「ご」がつきませんので注意しましょう。

ポイント 3

チェックアウトに関する情報（追加の支払いや領収書）を伝える

追加のお支払いはございません。こちらは領収書でございます。

情報提供：フレーズ ➡ 情報提供：フレーズ

チェックアウトするときに言うパターンですので、ポイント2と一緒に覚えておきましょう。「お支払い」は、「お＋N」の場合で、「支払い」のほか、「泊まり」、「帰り」、「休み」、「決まり」などの名詞には「お」がつきます。ここでは動詞の泊まる、帰る、休む、決まるの「ます形」が名詞になった使い方です。全ての動詞が名詞的な用法になるわけではないので、注意が必要です。その他、「会計*」、「約束」、などにも「お」がつきますので覚えておきましょう。それから、情報を提供するとき、「NはNでございます」の文型を使います。客室やホテル館内を案内するときにもこの文型が使われます。

ポイント 4

お客さまに滞在の感謝をして見送る

ご利用ありがとうございました。またお待ちしております。お気をつけて行ってらっしゃいませ。［おじぎ］

感謝：フレーズ ➡ 行動表明：フレーズ ➡ あいさつ：フレーズ

チェックアウトの確認が終わった後、最後にこのフレーズを言います。まず、利用してくれたことに対する感謝の言葉を述べ、次に、次回の来館*を待っているという行動表明を言います。そして最後にまた戻ってきてほしいという気持ちを込めて「行ってらっしゃいませ」とあいさつとおじぎ（敬礼）をします（→p24）。別れの挨拶の「さようなら」はこの場合には使いません。

会話②〈お客さまの要望に応える〉

ポイント 5

お客さまの要望に応えるために待ってもらうお願いを言うことができる

ただいま、お呼びいたしますので、そちらの椅子におかけになって、お待ちください。

前置き ＋ 理由 ＋ お願い

フロントに来るお客さまの要望はさまざまです。お客さまの要望に対しては、丁寧かつ*迅速な応対をしなければなりません。お客さまの要望に応えるためにしばらく待ってもらうときは、「前置き＋理由＋お願い」のパターンで言うので、覚えておくと便利です。この前置きの「ただいま」はお客さまの要望に迅速に応えるというクッション言葉です。次はタクシーが来るまで待ってもらうように頼む応対です。単に「お待ちください」と言うのではなく、何のために待つのかその理由を述べ、どこで待つのか場所を伝え、待ってもらうようお願いします。お客さまに待ってもらわなければならない場合、その分*お客さまに負担をかけてしまうことになるので丁寧に応対することが大切です。「お呼びいたしますので」の動詞の「呼ぶ」は、お客さまの要望に合わせて変えていきます。例えば、電車の時間を調べてほしいなどの要望は、「お調べいたしますので」、部屋を窓側に変えてほしいときやレストランを予約してほしいときなどの要望は、「確認いたしますので」など、それぞれの要望に合わせて使い分けます。「椅子におかけになる」は「椅子にかける」の尊敬語で「お＋V-ます形＋になる」です。「座る」の動詞でも同じように使用できます。

ポイント 6

お客さまの要望（タクシーを呼ぶ）に対する行き先の確認

行き先はお決まりでいらっしゃいますか。

確認：一歩進んだ応対

タクシーの運転手に行き先を伝えるという一歩進んだ応対をするために、お客さまに行き先を確認します。「お＋名詞＋でいらっしゃいますか」の形です。「決まり」は名詞なので、「お」がつきます。このような心配りが接客では大切です。

ポイント 7

お客さまの要望から一歩進んだ応対をする

かしこまりました。配車ができましたら、運転手に伝えておきます。

承知 ➡ 条件提示 ＋ 行動表明 ：一歩進んだ応対

お客さまの情報を聞いたら、承知したことを伝え、次に「条件提示＋行動表明」のパターンで一歩進んだ応対をします。お客さまの立場になって一歩進んで応対をすることが相手を思う心です。この他、接客場面の行動表明では、「お＋V-~~ます~~形＋して」の文型を使い、状況に合わせて「調べる」、「取る」、「運ぶ」などの謙譲語をよく使用します。「お調べしておきます」「お取りしておきます」「お運びしておきます」など使います。

ポイント 8

タクシーが来たときのお客さまへの伝達と案内

大変お待たせいたしました。タクシーが参りました。どうぞ。

行動報告 ：フレーズ ➡ 情報提供 ➡ 誘導

お客さまを少しでも待たせた後には、「大変」をつけて行動報告を言います。そしてタクシーが来たことを伝え、誘導します。タクシーが来たことを伝えるとき、謙譲語を使います。タクシー運転手はホテルスタッフではありませんが、お客さまを東京駅まで連れていくということで、スタッフ側と同じ立場になります。いわゆる「ウチ*」の関係になるので、謙譲語を使うのです。この場合、お客さまは「ソト*」で、スタッフと運転手は「ウチ」となるわけです。お客さまを誘導するときは、方向を手で示しながら、お客さまの斜め前を歩きましょう（→p.56）。

基本練習

1. 音声を聞いて、おもてなしのフレーズを練習しましょう。🔊07

① かしこまりました
② 昨日はゆっくりお休みいただけましたか
③ ご利用ありがとうございました
④ またお待ちしております
⑤ お気をつけていってらっしゃいませ
⑥ 承知いたしました

2. 次の表現は①～④のどの意味機能のパターンか、（　）に記号を書きましょう。
また意味機能と場面の正しいペアを線で結びましょう。

a. 今回のご利用について、明細書をご確認いただけますでしょうか。
b. 小川様、ゆっくりお休みいただけましたか？
c. ご利用ありがとうございました。またお待ちしております。お気をつけて行ってらっしゃいませ。
d. 大変お待たせいたしました。タクシーが参りました。どうぞ。

意味機能		場面
①（　）呼びかけ＋確認	・	・タクシーが来たことを伝えるとき
②（　）感謝 ➡ 行動表明 ➡ あいさつ	・	・朝、お客さまに会ったとき
③（　）トピック＋お願い	・	・お客さまを見送るとき
④（　）行動報告 ➡ 情報提供 ➡ 誘導	・	・明細書の確認をお願いするとき

3. お客さまとスタッフでペアになって問題2の意味機能を見ながら表現を練習しましょう。
この課の動画を見て、おじぎや手の動きなども注意して練習しましょう。

4. ペアでお客さまの要望に応える練習をしましょう。

例 お客さま：[タクシーに乗りたいんですが]。

スタッフ：承知いたしました。（承知）［佐藤様］ですね。（確認）

ただいま、（前置き）［お呼びいたします］ので、（理由）そちらの椅子におかけになって、お待ちください。（お願い）

① 15時の特急*に乗りたい/ペアの名前/調べる
② 荷物を送りたい/ペアの名前/手続きする
③ 両替*したい/ペアの名前/準備する

5. お客さまを案内する練習をしましょう。

例 大変、お待たせいたしました。［タクシーが参りました］。どうぞ。

行動報告 情報提供 誘導

① シャトルバスが来た

② 係の者が案内する

③ ルームチェンジ*の手続きが完了した

④ 部屋の準備が整った*

6. お客さまは、お客さまの要望をはっきり言わない場合があります。
お客さまが次のように言ってきたら、あなたならどのように対応しますか。考えてみましょう。

①「今日は満室*？」

②「ラーメンが食べたいんだけど……」

③「荷物があるのよね」(チェックアウトした後)

④「お土産、買いたいんだけど……」

7. ペアやグループで、チェックアウトのときに注意すべき点はどんなところか、話し合いましょう。

8. 次のような場面では、どのように言いますか。意味機能を見ながら言いましょう。

	場面	意味機能
①	朝、お客さまに会ったとき	呼びかけ＋確認
②	お客さまを見送るとき	感謝 ➡ 行動表明 ➡ あいさつ
③	明細書の確認をお願いするとき	トピック＋お願い
④	タクシーが来たことを伝えるとき	行動報告 ➡ 情報提供 ➡ 誘導

応用練習

スタッフ：あなたはおもてなしホテルのスタッフです。お客さまがチェックアウトをした後、要望を言ってきました。失礼のないように応対しましょう。

お客さま：チェックアウトをした後、要望を伝えましょう。

会話のヒント

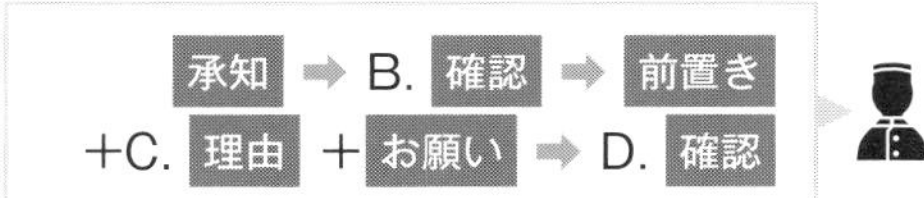

返答

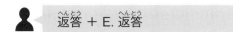

① A. ホテルのリムジンバス*に乗りたい
B. 村上　C. 手続きする
D. 行き先は決まっているか
E. 名古屋駅まで行く
F. バスが来たら呼ぶ
G. バスが来た

② A. 荷物を送りたい
B. 大谷　C. 担当の者を呼んでくる
D. どの荷物を送るか決まっているか
E. スーツケース2つとお土産
F. 準備が整ったら声がけする
G. 準備が整った

③ 自由に考えて話しましょう

④ 録画してポートフォリオを作りましょう

確認チェック

1. □ チェックアウト時のフロントの業務を理解することができた。
2. □ チェックアウトの要望を受けることができる。
3. □ 明細書の確認のお願いをすることができる。
4. □ チェックアウトに関する情報（追加の支払いや領収書）を伝えることができる。
5. □ お客さまに滞在の感謝をしてお客さまを見送ることができる。
6. □ お客さまの要望に迅速に応えるために待ってもらうお願いを言うことができる。
7. □ お客さまの要望（タクシーを呼ぶ）に対する行き先の確認をすることができる。
8. □ お客さまの要望（タクシーを呼ぶ）から一歩進んだ応対ができる。
9. □ タクシーが来たときのお客さまへの伝達と案内ができる。

おもてなしの基本マナー

物の指し示し

何かを指し示すときは、指をそろえて、手で指し示します。指で指したり、ペンで指したりしないようにしましょう。

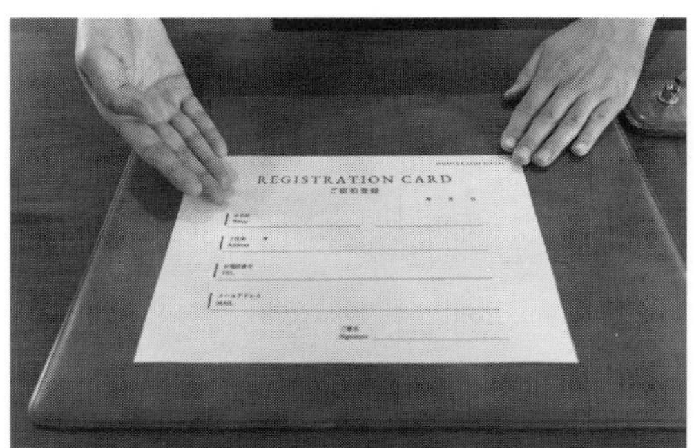

正しい指し示し

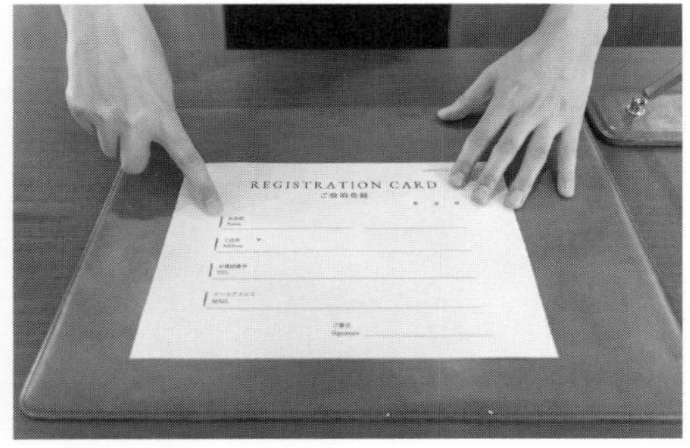

正しくない指し示し（指で指し示す）

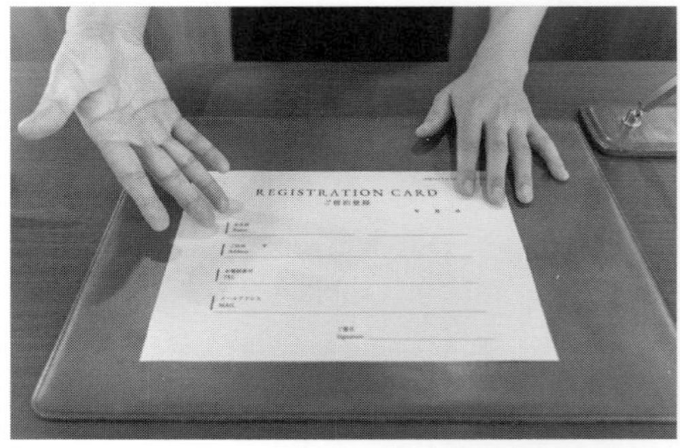

正しくない指し示し（指をそろえない）

コラム
フロントマネージャーの声

フロントは、お客さまにとっては総合窓口*です。そのため、お客さまの要望に対して、臨機応変*に応対しなければなりません。

先日、情報共有とお金の管理*ができていなかったため、お客さまに迷惑をかけて*しまいました。その日、お客さまの宿泊料*を付き合い*がある会社側で払うから、お客さまに料金を請求しない*でほしいという依頼*がありました。また、宿泊料の金額*も伝えないようにということでした。ところが、そのお客さまがチェックアウトをする際に、間違って領収書を渡してしまったのです。そのことについて厳しくクレームがあり、謝罪をしましたが、大きな問題となってしまいました。そのようになった原因*は、スタッフの間で依頼された情報がしっかりと共有されていなかったことです。お客さまに迷惑をかけてしまっただけでなく、ホテルの信用*もなくしてしまいました。

フロントはお客さまの大切な情報だけでなく、お金も扱います*。たとえ細かい*情報だとしても、スタッフの間で、必要な情報はしっかりと共有することが大切だと実感しました。

ディスカッションポイント

1. コラムでの失敗はどんなことですか。コラムを読んで話し合いましょう。

2. 情報共有はとても大切なことです。コラムを読んで、どのような報告をスタッフ間でしておくべきだったでしょうか。話し合ってみましょう。

Can-doチェック!

☐ チェックアウト時のフロントの業務を理解することができる。
☐ フロントでチェックアウト業務をし、お客さまをお見送りすることができる。

フロントでの電話応対

1 電話を受ける（＊着信音*3回までに出る）

スタッフ：「お電話ありがとうございます。（ホテル名）でございます」

※「もしもし」は言わず、「はい」や「おはようございます」などの挨拶をする

お客さま：「すみません、すでに予約をしているんですが食事の変更をお願いしたいんです」

2 お客さまの確認をする

「承知しました。では、予約の確認をいたしますので、お名前をお願いします」

「恐れ入りますが、念の為、下のお名前*／生年月日*もお願いいたします」

3 用件を確認する

スタッフ：「○○様、お食事の変更*でございますね。現在、夕食を6階のイタリアンでご予約いただいておりますが、そちらの変更でしょうか」

※お客さまの名前が確認できたら、その後はお客さまを名前で呼ぶようにする

お客さま：「はい、やっぱり和食にしたいんですけど」

スタッフ：「承知しました。夕食をイタリアンではなく、和食に変更ということですね」

※用件は復唱して間違いがないようにする

●レストランに確認が必要な場合

①「すぐに和食のレストランに確認いたしますので、このままお待ちいただけますか」

※確認に時間がかかる場合は、一旦電話を切り、確認後ホテル側からお客さまに電話する。その際、お客さまの電話番号を確認することを忘れないようにする

②「お待たせいたしました。同じ時間で和食のレストランのご予約がとれましたので、和食に変更いたします」

4 終わりのあいさつ

「お電話ありがとうございました」

「では、当日*お待ちしております」

「私、○○（自分の名前）が承りました」

5 電話を切る

「失礼いたします」

※相手が電話を切ってから切る　　※静かに受話器*を置く

※メモをとる（誰から、いつ（時間）、誰宛*に、用件）

第8課

クレーム対応

Can-do

- □ クレーム対応の流れを理解することができる。
- □ クレームに対し誠実に応対し、お客さまに満足してもらうことができる。

第8課 クレーム対応

ホテルに限らず、接客業でクレームはつきものです。クレームも、ホテルに非があるものやお客さまの勘違いによるものなどさまざまです。また、クレームと聞くとあまり良い印象はないでしょう。しかし、クレームを言うということは、お客さまがホテルに関心があり、期待しているからこそ、お客さまは時間やエネルギーを使ってクレームを言うのです。クレームを言う方も、決していい気分ではありません。何はともあれ、まずはお客さまに不快な思いをさせてしまったことに対してしっかりと謝罪をしなければなりません。クレーム対応が満足するものであれば、お客さまはリピーターやホテルのファンになってくれるのです。クレームを「チャンス」だと思い、誠心誠意対応しましょう。

Complaints are common not just in the hotel industry but in the hospitality industry as a whole. Complaints also vary in nature. Some of which are the fault of the hotel and some are due to misunderstandings by the guest. The word "complaint" does not have many positive connotations. However, guests spend time and energy making complaints because they are interested in the hotel, and have expectations from it. Those making the complaint are not happy about it either. The first thing to be done is apologize thoroughly for any discomfort that may have been caused to the guests. If a complaint is responded to in a satisfactory manner, guests will become repeat customers and fans of the hotel. Think of complaints as opportunities and respond to them with sincerity.

投诉不仅出现在酒店，在整个接待业都很常见。投诉也各不相同，有些是酒店存在过错，有些是客人误解。"投诉"这个词给人的印象可能不大好。然而，客人之所以花费时间和精力去投诉，正是因为他们关注酒店，对酒店有所期待。投诉者的心情一定也不好。无论如何，首先要对让客人感到不舒服充分表示歉意。如果投诉处理结果令客人满意，客人就会成为酒店的回头客和粉丝。将投诉视为"机会"，真诚地予以回应。

Phàn nàn là việc xảy ra phổ biến trong các ngành nghề phục vụ, không chỉ riêng gì ngành khách sạn. Có nhiều loại phàn nàn khác nhau, có loại do lỗi của khách sạn, nhưng cũng có những phàn nàn do khách hàng nhiểu nhầm. Hơn nữa, khi nghe phàn nàn, sẽ có ấn tượng không tốt lắm. Tuy nhiên, khách hàng phàn nàn đó là chính vì khách hàng có quan tâm đến khách sạn, còn kì vọng vào khách sạn nên mới sử dụng thời gian và năng lượng của mình để phàn nàn. Cả việc phàn nàn như thế tuyệt đối cũng không phải là họ có tâm trạng tốt. Cho dẫu là thế nào, trước hết phải xin lỗi đối với việc đã để khách có cảm giác không thoải mái. Nếu như mình xử lý những phàn nàn để khách được thỏa mãn, thì khách sẽ trở thành fan của khách sạn, và sẽ quay trở lại. Các bạn hãy nghĩ phàn làn là một "cơ hội" và thành tâm thành ý xử lý vấn đề nhé.

考えましょう

1. これまでクレームを言ったことはありますか。

ある場合 どんなクレームですか。そのとき、どのような対応をしてくれましたか。

ない場合 不快な思いをしたのに、なぜクレームを言わなかったのですか。

2. ホテルでは、どのようなクレームがあると思いますか。

クレーム対応の基本の流れ

①謝罪する

クレームの内容というよりは、お客さまに不快な思いをさせてしまったことに対して謝罪します。

②傾聴する

お客さまが何に対して不満を持っているのか、意見があるのか、傾聴、共感しながら探り、解決策を提案します。お客さまは自分の思いをわかってほしいと思って話をするのです。

③解決策を伝え、理解してもらう

自分1人で解決できない場合は、上司や責任者に変わって対応してもらいましょう。お客さまが納得をするということが大切です。

④再度謝罪するとともに、感謝の気持ちを述べる

改めて謝罪し、二度と同じようなことが起きないようにすることを伝えましょう。そして、貴重な時間を割いて意見をくださったことに感謝し、お礼を述べましょう。

⑤スタッフ間での情報共有と周知徹底

二度と同じようなことが起こらないようにするためには、スタッフ間で情報を共有し、改善していかなければなりません。

▷見てみましょう

見る前に話し合いましょう

1 お客さまのクレームを聞くときは、傾聴が大切ですが、傾聴のときの相づちは何と言いますか。

2 お客さまのクレームを聞いたときは、まずは謝罪をしますが、何と言いますか。

▷ 17

会話①〈クレームに対する応対〉

お客さま：すみません。上の階の人の足音*がうるさくて寝られないんですけど、なんとかしてもらえませんか。

スタッフ：(1)さようでございますか。お休みのところご迷惑をおかけいたしまして、誠に申し訳ございません。

(2)ただちに*上の階に行ってお調べいたします。しばらくお待ちいただきますが、お調べした後、折り返し*お部屋にご連絡いたしましょうか。

お客さま：はい、お願いします。

見た後で確認しましょう

1 お客さまのクレームを聞いた後は、何と言いますか。

2 お客さまのクレームに対して迅速な対応として何と言いますか。

見る前に話し合いましょう

1 下の階のお客さまからクレームが入っていることを伝えます。何と言いますか。

2 お客さまのクレームに対して、どのような提案をすると思いますか。

▷ 18

会話② その後、下の階のお客さまからクレームが入っているので静かにしてもらうよう頼む。そして、一緒に騒いでいる友人は退出して*もらうよう丁重にお願いする

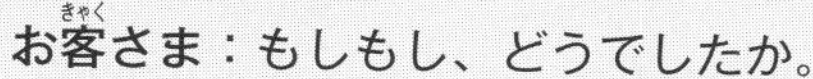

お客さま：もしもし、どうでしたか。

スタッフ：(3)お客さま、大変申し上げにくいのですが、上の階で数名集まって騒いでいたお部屋がございました。(4)直接お部屋に伺い、ただちに退出していただくよう注意いたしました。ただ、静まる*まで今しばらくお時間がかかると思います。
(5)そこで、同じ階に別のお部屋をご用意いたしましたので、せめて、お休みになる間だけでもご利用いただけないでしょうか。(6)もちろんお手回り品などはそのままにしていただいて結構*でございます。(7)遅い時間にこのようなお願いをして大変申し訳ございませんが、いかがでしょうか。

お客さま：そこまではしなくていいですよ。まだ足音はしますけど、確かにさっきよりは静かになってきました。注意してもらい、ありがとうございます。もう寝ますので大丈夫です。

スタッフ：かしこまりました。(8)私は本日*当直*でおりますので、また何か気になることがございましたら、いつでもご連絡くださいませ。それでは、お休みなさいませ。

次の朝フロント責任者が謝罪をし、ゆっくり休むことができたか確認する。そして、お客さまの期待に添えなかったため、お詫びの気持ちとして割引*料金を提案し、今後の対応や改善点*などを伝え、「今後ともおもてなしホテルに変わらぬご愛顧*を賜ります*ようお願いいたします」と挨拶をする

見た後で確認しましょう

1 お客さまにどのような提案をしましたか。

2 「かしこまりました」の後、何を言いますか。そして最後に何と言いますか。

ここがポイント!

会話① 〈クレームに対する応対〉

ポイント1

お客さまからのクレームに対してまずは傾聴とお詫び

さようでございますか。 お休みのところご迷惑をおかけいたしまして、

共感 ➡ 理由

誠に申し訳ございません。

＋ 謝罪

お客さまのクレームについての応対では、まず、お客さまに共感し*、寄り添い*ます。傾聴している*姿勢*をお客さまに見せることが必要です。次に謝罪の理由を述べたうえで謝罪します。ホテル側に直接、非がなく*てもお客さまに迷惑をかけたことに対して誠意を持って謝罪します。この「共感 ➡（理由＋謝罪）」のパターンがお詫びの言語行動*です。お客さまのクレームに対してまず、共感してお詫びをし、最後におじぎ（敬礼）をします。共感については、他に「さようでしたか」「そうですか」などがあります。

ポイント2

お客さまのクレームに対する応対

ただちに、上の階に行ってお調べいたします。 しばらくお待ちいただきますが、

前置き ＋ 行動表明 ➡ 情報提供

お調べした後、折り返しお部屋にご連絡いたしましょうか。

＋ 行動表明

謝罪したうえで、解決するための行動を迅速に表明します。次に具体的に説明します。この「行動表明 ➡ 情報提供＋行動表明」がクレームに対する迅速な応対のパターンです。謝罪をしたうえでクレームに対して迅速に対応することで、お客さまは何か対処をして*もらえている、自分の思いを知ってもらえたと安心できるでしょう。また「ただちに」と行動表明の前置きをすることで迅速に応対することを表明しています。

会話②

ポイント3

クレームに対する対処後の状況報告

お客さま、大変申し上げにくいのですが、上の階で数名集まって騒いでいた

呼びかけ ＋ 前置き ＋ 情報提供

お部屋がございました。

対処後に状況を報告します。良くない結果であれば、まず、「大変申し上げにくいのですが」と前置きをしてから状況を報告（情報提供）します。対処後の状況の報告は「呼びかけ＋前置き＋情報提供」のパターンで言い、スタッフが対処したその結果を伝えます。

ポイント4　クレームに対する状況報告についての具体的な説明

直接お部屋に伺い、ただちに退出していただくよう注意いたしました。

行動報告　＋　行動報告

ただ、静まるまで今しばらくお時間がかかると思います。

→ 情報提供

状況報告をした後、スタッフがどのような対処をしたのか、具体的にスタッフの行動を報告したうえで、さらに詳しく 情報提供 をします。「ただちに」と添えることで問題を迅速に解決しようとしているのがわかります。ただし、すぐに静まるわけではなく、しばらく時間がかかるという 情報提供 をします。お客さまには、単に「大丈夫です。問題は解決しました」ではなく、スタッフがどのような対処をしたか具体的に説明することで相手を思う心を示します。

ポイント5　解決策の一歩進んだ提案

そこで、同じ階に別のお部屋をご用意いたしましたので、せめて、

前置き　＋　理由　＋　前置き

お休みになる間だけでもご利用いただけないでしょうか。

＋　お願い ：一歩進んだ提案

「そこで」と 前置き してから、お客さまのクレームを解決するためにスタッフは、別の部屋を用意し、そこで休んでもらえないかと一歩先の提案をします。「そこで」は提案前の 前置き です。そして、お客さまの立場になって心を配ることでお客さまが望んでいた以上の提案を謙虚*な態度で示すことができます。提案を押し付ける*のではなく、「ご利用いただけないでしょうか」とお願いすることで謙虚さを示します。お客さまはそのお願いを受けたり、断ったり選択できるので、より丁寧に提案を提示することができます。また、「せめてお休みになる間だけでも」とお客さまの立場になって考えた提案で、寝るときだけでも利用してほしいと誠意を持って伝えます。「せめて」は提案のお願いの 前置き です。

ポイント6　一歩進んだ提案のための説明

もちろんお手回り品などはそのままにしていただいて結構でございます。

情報提供

これもお客さまを思う心です。部屋を移る*ことはお客さまにとって負担になるので、荷物はこの部屋に残し、寝るときだけ別の静かな部屋で休んでもらいたいというスタッフの心配り（配慮）を示した言語行動です。スタッフの提案についての詳しい情報を伝えることで、お客さまは正確にスタッフの提案を理解することができます。

ポイント7

一歩進んだ提案のうかがい

遅い時間にこのようなお願いをして大変申し訳ございませんが、

理由 ＋ 謝罪

いかがでしょうか。

＋ うかがい

ここではまず、謝罪してから提案に対するうかがいを示します。遅い時間に提案のお願いをすることを謝罪したうえで提案のうかがいをすることで謙虚さと誠実さが表れています。お客さまを思う心が十分に伝わる表現と言えます。提案を押し付けず、謙虚に聞くことが大切です。お客さまを思う心が通じる*とお客さまの不満*な気持ちも静まり、お客さまの感謝の気持ちが現れるでしょう。

ポイント8

お客さまが納得した*後のフレーズと挨拶

私は本日当直でおりますので、また何か気になることがございましたら、

理由 ＋ 条件提示

いつでもご連絡くださいませ。それでは、お休みなさいませ。

＋ お願い ➡ 前置き ＋ あいさつ

スタッフの対処に関する一連*の報告と提案でお客さまの不満な気持ちも収まり*、ここはお客さまが納得した後の最後の挨拶の段階*に入ります。お客さまにとって、いつでも連絡できるスタッフがいるということは安心できますので、この「理由＋条件提示＋お願い ➡ 前置き＋あいさつ」のパターンで覚えておきましょう。このあいさつは時間帯*や場合に合わせて変えていくことができます。

ここまでの流れを整理するとお客さまのクレームに対する応対は、以下の流れになります。

お客さまのクレームに対する応対

1. 傾聴と謝罪……共感 ➡ 理由＋謝罪
2. 解決のための迅速な応対……前置き＋行動表明 ➡ 情報提供＋行動表明
3. クレームに対する対処後の状況報告……呼びかけ＋前置き＋情報提供
4. クレームに対する状況報告についての具体的な説明.（行動報告＋行動報告）➡ 情報提供
5. 解決策の一歩進んだ提案……前置き＋理由＋前置き＋お願い：一歩進んだ提案
6. 一歩進んだ提案のための説明……情報提供
7. 一歩進んだ提案のうかがい……理由＋謝罪＋うかがい
8. お客さまが納得した後のフレーズと挨拶 理由＋条件提示＋お願い ➡ 前置き＋あいさつ

基本練習

1. 音声を聞いて、おもてなしのフレーズを練習しましょう。 🔊08

① さようでございますか

② ご迷惑をおかけいたしまして、誠に申し訳ございません

③ お客さま、大変申し上げにくいのですが

④ このようなお願いをして大変申し訳ございませんが

⑤ かしこまりました

⑥ また何か気になることがございましたら

⑦ いつでもご連絡くださいませ

⑧ それでは、お休みなさいませ

2. 次の表現は①～⑤のどの意味機能のパターンか、（　）に記号を書きましょう。また意味機能と場面の正しいペアを線で結びましょう。

a. お客さま、大変申し上げにくいのですが、上の階で数名集まって騒いでいたお部屋がございました。

b. ただちに、上の階に行ってお調べいたします。しばらくお待ちいただきますが、お調べした後、折り返しお部屋にご連絡いたしましょうか。

c. また何か気になることがございましたら、いつでもご連絡くださいませ。それでは、お休みくださいませ。

d. さようでございますか。お休みのところご迷惑をおかけいたしまして、誠に申し訳ございません。

e. 遅い時間にこのようなお願いをして大変申し訳ございませんが、いかがでしょうか。

	意味機能		場面
①（　）	前置き ＋ 行動表明 ➡ 情報提供 ＋ 行動表明	・	・傾聴と謝罪
②（　）	呼びかけ ＋ 情報提供の 前置き ＋ 情報提供	・	・お客さまが納得した後のフレーズと挨拶
③（　）	条件提示 ＋ お願い	・	・解決のための迅速な応対
④（　）	共感 ➡ 理由 ＋ 謝罪	・	・クレームに対する対処後の状況報告
⑤（　）	理由 ＋ 謝罪 ＋ うかがい	・	・一歩進んだ提案のうかがい

3. お客さまとスタッフでペアになって問題2の意味機能を見ながら表現を練習しましょう。この課の動画を見て、おじぎや手の動きなども注意して練習しましょう。

4. お客さまに謝罪する練習をしましょう。

例 お客さま：すみません。[上の階の人の足音がうるさくて寝られない］んですけど、なんとかしてもらえませんか。

スタッフ：さようでございますか。（共感）

[お休みのところご迷惑をおかけいたしまして］（理由）、誠に申し訳ございません。（謝罪）

① もっとエレベーターに近い部屋にしてほしい/不便をかけた

② 部屋の前の廊下にゴミが落ちている/不快な思いをさせた

③ 予約した部屋と違う/面倒をかけた*

5. お客さまのクレームに対する対処後の状況報告をしてみましょう。

例 お客さま、（呼びかけ）大変申し上げにくいのですが、（前置き）

[上の階で数名集まって騒いでいたお部屋がございました］。（情報提供）

[直接お部屋に伺い、ただちに退出していただくよう注意いたしました］。（行動報告）

① 書類*に不備があった*/新しい書類をフロントに準備した

② 上の階で水漏れ*があった/別の部屋を用意した

③ このホテルには駐車場がない/近くのコインパーキング*を調べた

6. ペアやグループで、お客さまからクレームがあった場合、どのような「共感」をすればいいか、話し合いましょう。（例：表現や表情、しぐさなど）

7. 次のような場面では、どのように言いますか。意味機能を見ながら言いましょう。

	場面	意味機能
①	お客さまからクレームを受けたとき	共感 ➡ 理由 ＋ 謝罪
②	解決のための迅速な応対をするとき	前置き ＋ 行動表明 ➡ 情報提供 ＋ 行動表明
③	クレームに対する対処後の状況報告をするとき	呼びかけ ＋ 前置き ＋ 情報提供
④	お客さまに納得してもらった後	理由 ＋ 条件提示 ＋ お願い ➡ 前置き ＋ あいさつ

応用練習

スタッフ：あなたはおもてなしホテルのスタッフです。お客さまからクレームを受けました。失礼のないように応対しましょう。

お客さま：クレームを言いましょう。

会話のヒント

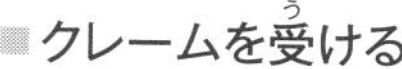

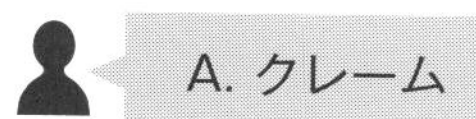

返答

■状況報告

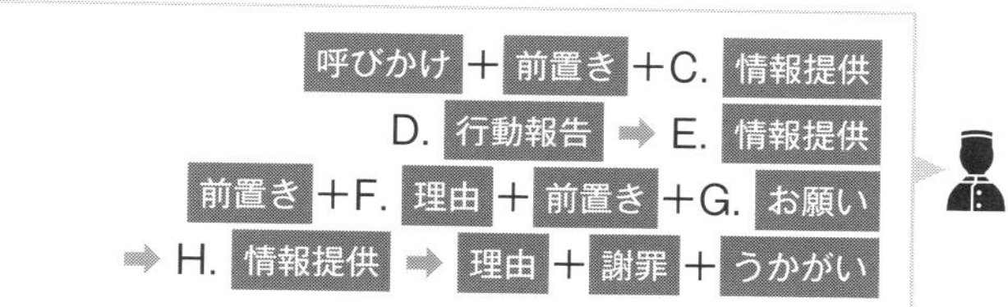

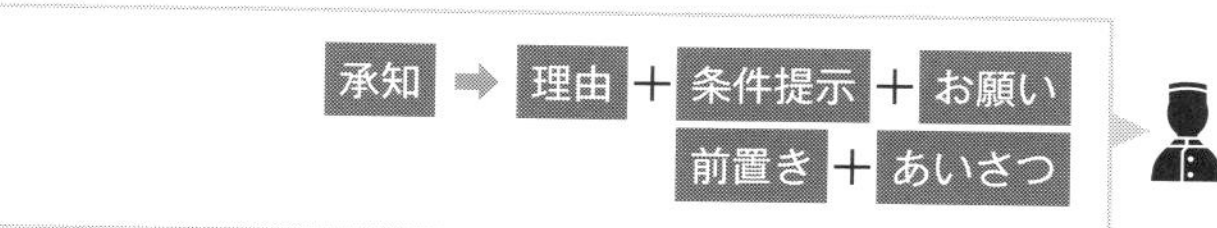

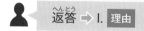

① A. 床がぬれている　B. すぐに調べる
C. 上の階で水漏れがあった
D. 業者に連絡して修理を依頼した
E. 修理まで時間がかかる
F. スイートルームの部屋を用意した
G. これからだけでも利用してほしい
H. 追加料金はない
I. もう寝る

② A. ルームサービスが遅い　B. すぐに確認する
C. オーダーの連絡に間違いがあった
D. オーダーの内容を確認して、厨房にも確認した
E. 部屋に持っていけるまであと15分くらいかかる
F. フルーツを用意した
G. 食事を待つ間だけでも食べてほしい
H. これは当ホテルの気持ち
I. もう大丈夫

③ 自由に考えて話しましょう

④ 録画してポートフォリオを作りましょう

確認チェック

1. □ クレーム対応時の業務の流れを理解することができた。
2. □ クレーム対応の一連の応対ができる。
3. □ 傾聴とお詫びが言える。
4. □ 解決のための迅速な応対が言える。
5. □ クレームに対する対処後の状況報告ができる。
6. □ クレームに対する状況報告についての具体的な説明ができる。
7. □ 解決策の一歩進んだ提案ができる。
8. □ 一歩進んだ提案のための説明ができる。
9. □ 一歩進んだ提案のうかがいができる。
10. □ お客さまが納得した後のフレーズと挨拶が言える。

おもてなしの基本マナー

傾聴

傾聴とは、相手の話を耳で聞くのではなく、心で聴くことです。特にお客さまから意見をもらったときは、しっかりと傾聴していることを示すことが大切です。

ポイント

●共感を示す

相手の話を聴いていることを示すために、うなずいたり、タイミングよく相づちをうちます。

例「ええ」、「おっしゃるとおりです」

●お客さまの言葉をそのまま使う

お客さまの言葉を繰り返すことで共感を示すことができます。例えば、お客さまがホテルのフロントのことを「受付」と言った場合、特に問題がなければスタッフも「フロント」と言い換えず、お客さまの言葉をそのまま使います。

●相手をまねる

話している相手の表情やジェスチャー、話す速度やトーンをまねることで、「相手は自分の話を聴いてくれている、受け入れられている」と感じます。

コラム
マネージャーの声

お客さまからのクレームはさまざまです。例えば、「フロントの接客が良くない」や「スタッフが思うように対応してくれない」など接客に関することや、「Wi-Fi*がつながらない」や「部屋の景色が悪い」など施設に関することなどです。お客さまは、ホテルの料金を支払う代わりにそれに見合った*サービスや施設を求めます。高い料金であれば、要求も高くなるのです。

クレーム対応をするときは、傾聴する（心で相手の話を聴く）ことと、謝罪することが特に重要です。そして、お客さまが帰る際（チェックアウトのときなど）にもう一度お詫びをし、意見をいただいたことに感謝をすることが大切です。

最近は、海外からの団体*旅行客の宿泊が増えました。そのほとんどが旅行会社がまとめてホテルの部屋を予約するため、個人で直接ホテルに電話をして予約をとることが少なくなりました。そのため、お客さまと直接確認がとれず宿泊するときになって問題が起こることがあります。よくあるのは、部屋のタイプ*に関することです。旅行会社は、ダブルルームやツインルームなど関係なく一番安い部屋をまとめて予約をすることが多いため、お客さまの希望と異なることがあるのです。お客さまは自分の希望の部屋を伝え、その部屋で予約がとれていると思っているため問題になるのです。たとえ旅行会社の対応に問題があったとしても、お客さまが直接ホテルに意見を言ってきたときは、しっかりと話を聴き、決してお客さまに責任があるというような言い方はしません。

このように、ホテル側に問題がない場合でもお客さまからクレームが入ることがあります。そのときは、チャンス*だと思って応対しましょう。その応対によって、リピーター*につながることもあるのです。

ディスカッションポイント

1. お客さまのクレームに対してホテルスタッフはどのような態度で応対しますか。

2. 部屋の予約についてどのようなクレームがありますか。そして、「クレームはチャンス」と言っていますが、どうしてですか。

Can-doチェック!

□ クレーム対応の流れを理解することができる。
□ クレームに対し誠実に応対し、お客さまに満足してもらうことができる。

クレーム対応時に気をつけること

クレーム対応時に言ってはいけない言葉

●言い訳をする：「だって*～」、「でも～」、「だから～」、「ですから～」

例　お客さま：部屋はツインで旅行会社にリクエスト*したんですけど。
　　スタッフ：**でも、**こちらの予約はダブルになっているんです。

●責任転嫁をする：「私は担当*ではないので～」、「（名前）によく言っておきます」

例　お客さま：このスープの中に髪の毛が入ってるんですけど。
　　スタッフ：大変申し訳ございません。すぐに新しいものにお取り替えします*。
　　　　　　［新しいスープを持ってくる］
　　スタッフ：大変申し訳ございませんでした。今後このようなことがないように、**シェフ*に言っておきます。**

●お客さまを指摘する：「それに書いてありますよね」、「先ほど*も言いましたが～」

例　お客さま：駐車場に停めたら、有料*って言われたんだけど。
　　スタッフ：大変申し訳ございません。ご宿泊のお客さまも有料となっております。
　　お客さま：そんなはずはないだろう。宿泊代も払って、さらに駐車場代も払うのか！
　　スタッフ：大変申し訳ございませんが、駐車場代がかかることはすでにホームページ*や予約サイト*でもご案内しております。
　　お客さま：そんなの見てないよ！
　　スタッフ：**でも、書いてあります。**

●逆ギレをする：「では、どうすればいいんですか？」、「何をしてほしいんですか？」

例　お客さま：書いてあっても駐車場が有料はひどいよ。宿泊しているんだから。
　　スタッフ：**でも……、**すべてのお客さまに同じご案内をしていますので……。
　　お客さま：そんなの関係ないだろ！有料っていうのが理解できないってこと。
　　スタッフ：理解していただけないようで。**では、どうすればよろしいのでしょうか？**

クレーム対応時にしてはいけない態度

●目線*をあわせない、キョロキョロする*
●大きな声を出す
●相づち*をうたない
●お客さまが話をしている途中で*話しはじめる
●時計を見て時間ばかり*気にする
●姿勢（腕を組む*、足を組む*、腰に手をあてる*、後ろに手を組む*、片足*にだけ体重*をかけて立つ）
●周囲の目*ばかり気にする

ふろく

〈主(おも)な業務(ぎょうむ)〉〈業務(ぎょうむ)の流(なが)れ〉〈会話(かいわ)〉訳(やく)

おもてなしのフレーズチェックリスト

語彙(ごい)リスト

1課

主(おも)な業務(ぎょうむ)

[Principle duties] Welcoming and seeing off guests, Loading and unloading luggage, Leading vehicles, Arranging cabs and hired cars, Guidance inside and outside the hotel, Perimeter security

[主要工作] 迎送客人，装卸行李，引导车辆，安排出租车和租车，介绍酒店内外情况，周边安保

[Công việc chính] Đón khách/ tiễn khách, Bốc dỡ hành lý, Điều tiết xe, Điều phối taxi hoặc xe thuê, Hướng dẫn trong và ngoài tòa nhà, Bảo vệ xung quanh

ドアマン業務(ぎょうむ)の流(なが)れ

[Doorman workflow]

● Staying guests (using private car)
① lead them to alight in front of the entrance
② confirm the guests' names and unload any luggage
(notify reception of the guests' arrival and hand over the luggage to a bellhop)
③ guide in vehicles

● Arrival of group of guests (by bus)
① since the estimated time of arrival will be known in advance, have luggage wagons and bellhops ready to go at that time
② leading buses
since it takes time for guests to get off and unload, do not have the bus stop right in front of the entrance. Lead it to a safe place either a little before or after the entrance where there is space for them to take their time.
③ immediately notify reception of their arrival and work with the bellhops to escort the guests inside

[门童工作流程]

● 住宿客人（乘坐私家车）
① 引导客人在大门前下车
② 核对客人姓名并卸下行李
（通知前台客人到达，并将行李交给行李员）
③ 告知停车场位置

● 团队客人到达（乘坐大巴）
① 到达时间往往是提前知道的，因此应按时准备好运送行李用的推车，并确保行李员随时待命
② 引导大巴
由于客人下车和卸下行李需要时间，因此大巴不能停在大门正面，应引导大巴前往正面前后有适当空间的安全地点
③ 客人到达后立即通知前台，并与行李员合作引导客人进入酒店

[Quy trình công việc của nhân viên trực cửa]

● Với những khách đến trọ tại khách sạn (trường hợp đi bằng ô tô nhà)
① hướng dẫn cho khách có thể xuống xe trước cổng khách sạn
② xác nhận tên của khách, dỡ hành lý xuống
(liên lạc với lễ tân về việc khách đã đến, chuyển hành lý cho nhân viên hành lý)
③ hướng dẫn cho xe đến bãi đỗ xe

● Trường hợp khách đến theo đoàn (Trường hợp đến bằng xe buýt)
① thông thường vì đã biết được giờ khách dự định sẽ đến, nên phải chuẩn bị sẵn xe đẩy để sử dụng vào thời gian đó, nhân viên hành lý cũng trực sẵn để có thể sẵn sàng đáp ứng
② hướng dẫn đỗ xe buýt
vì cần thời gian để cho khách xuống xe cũng như thời gian dỡ hành lý, nên phải hướng dẫn cho xe không dừng ngay trước cổng mà đỗ ở nơi an toàn có đủ không gian ở phía trước hoặc sau lối vào cổng chính
③ liên lạc với lễ tân về việc khách đã đến, hỗ trợ nhân viên hành lý hướng dẫn khách vào bên trong

会話①

<Welcoming> a doorman greeting a guest
Doorman: Hello, [smile]. Welcome. [smile / bow]
Madam, may I help you?
Guest: Yes, thank you. I'm staying overnight.
Doorman: Very good, madam. I will escort you to reception. We can take your luggage here.
Guest: Okay, here's one of them... And please take this one too.
Doorman: Yes, madam.

<迎宾> 门童迎接客人
门童: 您好，[微笑]欢迎光临。[微笑] [鞠躬]
有什么可以帮到您的吗?
客人: 好的，麻烦你。我是来住酒店的。
门童: 好的。我带您到前台，包包我来提吧。
客人: 还有这边的行李。这个也拜托你了。
门童: 您放心吧。

<Chào đón khách> nhân viên trực cửa đón khách
Nhân viên trực cửa: Xin chào, [tươi cười] chào mừng quý khách đã đến. [tươi cười] [cúi đầu chào]
Tôi xin phép hướng dẫn cho quý khách có được không ạ?
Khách: Vâng, xin anh giúp cho. Tôi sẽ trọ lại ở đây.
Nhân viên trực cửa: Tôi hiểu rồi ạ. Tôi xin phép sẽ hướng dẫn quý khách đến quầy lễ tân, tôi xin phép giữ túi giúp quý khách ạ.
Khách: Vậy thì, hành lý này và... cả cái này nữa, nhờ anh nhé.
Nhân viên trực cửa: Vâng, tôi hiểu rồi ạ.

会話②

<Lead to reception> ask for the guest's name and lead them to reception
Doorman: Please may I ask for the name on your reservation?
Guest: Ogawa.
Doorman: Ms. Ogawa. Thank you very much. Let me take you to reception. This way.
[lead them to reception, then let the person on reception know their name]
[say to them "This is Ms. Ogawa, who is staying with us tonight."]
Doorman: You are all set, Ms. Ogawa. I hope you enjoy your stay. Now, please excuse me. [bow]
Guest: Thank you.
[check-in begins]

<引导至前台> 询问姓名并引导客人至前台
门童: 请问您是用什么名字预订的?
客人: 小川。
门童: 小川女士。谢谢。现在我带您到前台。请这边走。
[说完引导客人至前台。并将姓名告知给前台]
[和前台工作人员说"这位是入住的小川女士。"]
门童: 小川女士，希望您在这里过得开心愉快。我先离开了。[鞠躬]
客人: 谢谢。
[开始办理入住]

<Hướng dẫn đến quầy tiếp tân> hỏi tên khách, hướng dẫn khách đến tận quầy lễ tân
Nhân viên trực cửa: Tôi xin lỗi vì làm phiền, xin quý khách cho biết tên đã đặt trước được không ạ?
Khách: Tên là Ogawa.
Nhân viên trực cửa: Là quý khách Ogawa ạ. Xin cám ơn. Vậy thì tôi xin phép được hướng dẫn quý khách đến quầy lễ tân.
Xin mời ạ.
[nói rồi hướng dẫn khách đến quầy lễ tân. Sau đó, báo tên của khách cho bộ phận lễ tân]
[nói với nhân viên phụ trách lễ tân: "Là quý khách Ogawa sẽ trọ lại khách sạn."]
Nhân viên trực cửa: Vậy thì xin mời quý khách thong thả nghỉ ngơi. Tôi xin phép. [cúi chào]
Khách: Cám ơn anh.
[bắt đầu làm thủ tục nhận phòng]

主な業務

[Principle duties] Dealing with guests, Accommodation reservation/cancellation/change procedures, Check-in (room changes, rooming (room assignments), changes in length of stay/rate, etc.), Check out, Handling of articles in lost and found, Contact with relevant sections (sharing guest information), Cashier (settlement of lodging and food & beverage charges, foreign currency exchange, storage of valuables, etc. Note: a cashier may concurrently perform reception duties), Phone support

[主要工作] 接待宾客，住宿预订/取消/变更手续，办理入住（如更换房间、安排房间（房间分配）、变更住宿天数/费用等），办理退房，处理遗失物品，联系相关部门（共享客人信息），收银员（结算住宿/餐饮费用、兑换外币、保管贵重物品等。注）有时收银员也会兼任接待工作），接听电话

[Công việc chính] Ứng xử với khách, Đặt phòng/ hủy/thủ tục thay đổi , Nhận phòng (đổi phòng, phân bổ phòng(chia phòng), số ngày trọ lại, thay đổi giá tiền ….), Trả phòng, Cách xử lý đồ để quên và đồ thất lạc, Liên lạc đến bộ phận liên quan (chia sẻ thông tin của khách hàng), Nhân viên thu ngân (thanh toán phí trọ lại/ phí ăn uống, đổi ngoại tệ, bảo quản các tài sản hoặc vật dụng có giá trị. (Chú ý) cũng có trường hợp nhân viên thu ngân kiêm cả công việc của lễ tân), Trả lời điện thoại

チェックイン業務の流れ

[The check-in workflow]
① confirm the reservation (important to confirm full name and to recite the confirmation items)
② have guest fill out a registration card ➡ register for lodging
③ prepare room key ➡ explain procedures to guests and provide guidance (if you need to provide other materials, such as breakfast coupons, also provide those now)
④ check mail and messages and convey them to guests
⑤ pass over to bellhop to have guest escorted to their room
Note: some lodging facilities require advance payment for settlement of lodging charges
Rooming (Room Assignment)
➡ the process of assigning and confirming appropriate rooms according to guests' reservations and conditions

[入住手续办理流程]
① 确认预订（确认全名并复述确认项目非常重要）
② 请客人填写登记卡 ➡ 住宿登记
③ 制作房间钥匙 ➡ 向客人说明并介绍（如果有早餐券等应一并交给客人）
④ 确认寄给客人的邮件和留言等，并告知客人
⑤ 移交给行李员，由行李员带客人去房间
注）部分住宿设施需提前结算支付住宿费用
安排房间（房间分配）
➡ 根据客人的预订和条件等分配和决定合适的房间

[Quy trình công việc check-in]
① xác nhận các thông tin đã đặt trước (Việc xác nhận lại họ tên đầy đủ, và lặp lại các mục xác nhận là quan trọng)
② yêu cầu khách hàng điền vào thẻ đăng ký ➡ Đăng ký chỗ ở
③ làm thẻ khóa phòng cho khách ➡ Giải thích, hướng dẫn cho khách (nếu có thẻ ăn sáng thì trao cùng)
④ kiểm tra và chuyển thư từ, tin nhắn đến khách hàng.
⑤ chuyển cho nhân viên phụ trách hành lý hướng dẫn khách lên đến phòng.
(Chú ý) Tùy thuộc vào cơ sở lưu trú, một số khách sạn yêu cầu khách thanh toán tiền thuê phòng trước.
Xếp phòng (bố trí phòng)
➡ phân bổ và quyết định loại phòng thích hợp với các điều kiện và yêu cầu khách đã đặt

会話①

<Welcoming Guests> when a guest comes to reception on their own
Reception staff: Welcome. [bow]
Guest: I have a reservation, under Ogawa.
Reception staff: Ms. Ogawa. May I ask for your full name, please?
Guest: Chie Ogawa.
Reception staff: Ms. Chie Ogawa. Very good. We have been waiting for you. Thank you very much for coming to Omotenashi Hotel.

<迎接客人> 如果客人自己来到前台
前台: 欢迎光临。[鞠躬]
客人: 我是小川，我已经预订了房间。
前台: 小川女士。麻烦您告诉我您的全名。
客人: 小川千惠。
前台: 小川千惠女士。欢迎光临。感谢您光临Omotenashi酒店。

<Đón khách> trường hợp khách tự mình đến lễ tân
Lễ tân: Kính chào quý khách [cúi đầu chào]
Khách: Tôi là Ogawa đã có đặt trước...
Lễ tân: Dạ, quý khách Ogawa đúng không ạ. Xin lỗi, quý khách vui lòng cho biết họ tên đầy đủ được không ạ?
Khách: Là Ogawa Chie.
Lễ tân: Dạ. Quý khách Ogawa Chie ạ. Chúng tôi đang chờ quý khách đây ạ. Cám ơn quý khách đã đến khách sạn Omotenashi của chúng tôi.

会話②

<Room Information> receive information from guests and inform them of the status of reservations
Reception staff: [point to the area that requires filling out] Please enter your name, address, and phone number [while indicating] here. If possible, please also provide the name of any others in your party.
Guest: Okay.
[After filling out the form]
Reception staff: [after confirmation] Thank you. Ms. Ogawa. Starting today, we have a reservation for 2 persons, for 1 night, in a deluxe twin room.

<客房信息> 获取客人信息并告知空房预订情况
前台: [用手指着客人签名栏]麻烦您[用手指着]在这里填写您的姓名、地址和电话号码。方便的话，也请提供您同伴的姓名。
客人: 好的。
[填表后]
前台: [确认后]谢谢。小川女士，您预订了豪华双人房，两个人从今天开始入住一晚。

<Thông tin phòng> tiếp nhận thông tin khách hàng và thông báo tình trạng phòng trống đã đặt
Lễ tân: [chỉ vào chỗ khách ký tên] Xin lỗi quý khách, [vừa chỉ vào chỗ cần điền thông tin] xin quý khách vui lòng điền tên, địa chỉ và số điện thoại vào đây ạ. Nếu quý khách không phiền, xin quý khách vui lòng viết thêm tên của những người đi cùng giúp luôn ạ.
Khách: Vâng, xong rồi.
[sau khi điền xong]
Lễ tân: [sau khi xác nhận] Xin cám ơn quý khách. Quý khách Ogawa, chúng tôi đã tiếp nhận quý khách đã đặt một phòng Deluxe Twin (phòng hai giường đơn cao cấp) cho hai khách từ ngày hôm nay ạ.

会話③

<Room information and completing the greeting> handing over the room key, providing guidance to the room, and final words upon completion of the check-in process

Reception staff: Ms. Ogawa, thank you very much for your patience. Here is your room key. The room is located on the 7th floor. Check-out time tomorrow is 11:00. Ms. Ogawa, that concludes check-in. Do you have any questions?

Guest: No.

Reception staff: Thank you very much. Please use the elevator over there to reach your room.

Guest: Yes, thank you.

Reception staff: Please enjoy your stay. [bow]

<介绍客房情况并告知手续完成> 递交房间钥匙，介绍客房情况，告知入住手续已办完

前台: 小川女士，非常感谢您的耐心等待。这是您的房间钥匙。您的房间是7楼的这一间。明天的退房时间是上午11点。小川女士，入住手续已经办好了。您有什么不清楚的吗？

客人: 没有。

前台: 谢谢。请乘坐那边的电梯前往您的房间。

客人: 好的，我知道了。

前台: 希望您在这里过得开心愉快。[鞠躬]

<Hướng dẫn lên phòng và chào sau khi hoàn tất thủ tục nhận phòng> trao chìa khóa và hướng dẫn phòng, chào hỏi sau khi hoàn tất thủ tục nhận phòng

Lễ tân: Quý khách Ogawa, chúng tôi xin phép đã để anh/ chị chờ lâu. Đây là chìa khóa phòng ạ. Phòng của quý khách ở tầng 7. Giờ trả phòng là 11 giờ ngày mai. Quý khách Ogawa, thủ tục nhận phòng đã xong rồi ạ. Không biết quý khách có điểm nào chưa rõ không ạ?

Khách: Không.

Lễ tân: Xin cám ơn quý khách. Xin quý khách hãy sử dụng thang máy ở đằng kia để lên phòng ạ.

Khách: Vâng, tôi hiểu rồi.

Lễ tân: Xin mời quý khách thong thả nghỉ ngơi ạ. [cúi chào]

3課

主(おも)な業務(ぎょうむ)

[Principle duties] Welcoming and seeing off guests, Dealing with guests, Leading to guest rooms, Transportation of luggage (up to room at check-in / from room to reception at check-out), Deliveries by courier, Support doormen and receptionists

[主要工作] 迎送客人，接待宾客，引导至客房，运送行李（入住时运送到房间/退房时从房间运送到前台），配送快递，为门童、前台/接待处提供支持

[Công việc chính] Đón khách/ tiễn khách, Tiếp đón khách đến khách sạn, Hướng dẫn khách lên phòng, Vận chuyển hành lý (Khi nhận phòng thì vận chuyển đến tận phòng/ khi trả phòng chuyển từ phòng đến lễ tân), Giao nhận hành lý chuyển phát, Hỗ trợ nhân viên trực cửa và nhân viên lễ tân

客室誘導業務(きゃくしつゆうどうぎょうむ)の流(なが)れ

[Lead-to-room workflow]
① receive rooming card from reception
② lead guests to their room
Aisle: guests walk in the middle of the aisle and staff walk diagonally to the left of the guest
Stairs: guests on the handrail side of the staircase, staff climbing up the center of the staircase diagonally in front of them
③ explanation of the guest room
(How to unlock the door, lighting, air conditioning, internet access, evacuation routes, etc.)
④ final words and exit

[引导至客房的工作流程]
① 在前台/接待处领取房间安排卡
② 引导客人前往客房
通道：客人走在通道中间，工作人员走在客人左侧斜前方
楼梯：客人走在楼梯扶手一侧，工作人员走在斜前方楼梯中央
③ 客房内部说明
（如开锁方法、照明、空调、使用互联网、疏散路线等）
④ 致意后离开

[Quy trình công việc hướng dẫn khách lên phòng]
① nhận thẻ phòng từ lễ tân
② hướng dẫn khách lên phòng
Lối đi: khách sẽ đi giữa lối đi, còn nhân viên sẽ đi chếch chéo về phía trên bên trái của khách hàng
Cầu thang: phía tay vịn sẽ dành cho khách, nhân viên sẽ đi chếch chéo lên trước phía giữa cầu thang
③ giải thích các thiết bị bên trong phòng
(cách mở khóa, thiết bị chiếu sáng, điều hòa, internet và lối thoát hiểm….)
④ chào và rời đi

会話①

<Bellhop leading> bellhops lead guests to their rooms
Reception staff: Please show Ms. Ogawa to her room. [request to bellhop]
Bellhop: Yes, of course. I will show you to your room. Allow me to take your bag.
Guest: Thank you.
Bellhop: Please come this way. [lead to the elevator] Please use this elevator to get from the lobby to your room. [then have them get into the elevator]

<行李员引导> 行李员引导客人前往房间
前台: 请把客人带到房间。[交给工作人员]
行李员: 好的。我带您去您的房间。我来帮您拿包。
客人: 谢谢。
行李员: 请往这边走。[引导前往电梯]请乘坐这部电梯从大堂前往您的房间。[说完请客人搭乘电梯]

<Hướng dẫn của nhân viên hành lý> nhân viên hành lý hướng dẫn khách lên phòng
Nhân viên: Nhờ các anh hướng dẫn giúp. [nhờ nhân viên hỗ trợ]
Nhân viên hành lý: Tôi hiểu rồi. Tôi xin phép được hướng dẫn quý khách lên phòng. Tôi sẽ mang túi của quý khách ạ.
Khách: Cám ơn anh.
Nhân viên hành lý: Xin mời theo lối này. [hướng dẫn đến thang máy] Khi đi từ sảnh lên phòng xin quý khách hãy sử dụng thang máy này. [nói như vậy và để khách vào thang máy]

会話②

<When the bellhop leads to the room> ride the elevator with guests, show them the floor number, and lead them to their room
Bellhop: Your room is on the 7th floor. [arriving on the 7th floor] Here we are. Please turn right. [leading]
[arriving at the room] This is your room.
Insert the key like so. When the light flashes green, the door will open. The door is auto-locking. Please take your key with you when you go out.
Guest: I understand.
Bellhop: This way. [open the room]

<行李员引导前往房间> 与客人一起乘坐电梯，告知具体楼层，引导客人前往房间
行李员: 您的房间在7楼。[到达7楼]您先请。请往右走。[引导]
[到达房间]就是这里了。
在此处插入钥匙，绿灯闪烁后，门就能打开了。门会自动上锁，所以出门时请随身携带钥匙，直接出门就行。
客人: 明白了。
行李员: 请这边走。[打开房间门]

<Nhân viên hành lý hướng dẫn khách lên phòng> cùng vào thang máy với khách, hướng dẫn số tầng, rồi hướng dẫn khách đến tận phòng
Nhân viên hành lý: Phòng của quý khách là ở tầng 7 ạ. [đến tầng 7] Xin mời quý khách. Xin mời quý khách đi hướng bên phải ạ. [hướng dẫn]
[đến phòng] Phòng của quý khách ở đây ạ.
Quý khách cắm thẻ khóa vào đây, khi đèn xanh nhấp nháy thì cửa sẽ mở. Vì cửa sẽ tự động khóa nên khi đi ra ngoài, quý khách hãy mang khóa phòng theo ạ.
Khách: Tôi hiểu rồi.
Nhân viên hành lý: Xin mời. [mở cửa phòng]

会話③

<Explanation of the guest room > bellhop explains the equipment
Bellhop: Allow me to explain your room's facilities. The bathroom is here. Please put valuables and other items in this safe. For more information on the hotel's services and facilities, please see this hotel guide. Please let me know if we can be of any further assistance to you.
Guest: Thank you.
Bellhop: I hope you enjoy your stay. Now, please excuse me.

<客房内部说明> 行李员说明一下房间里的设备
行李员: 我为您介绍一下房间里的设备。浴室在这里。您可以将贵重物品等放入这个保险箱。想要了解酒店的服务和设施信息的话，您可以翻阅这本酒店简介。如果需要帮助，请随时吩咐我们。
客人: 谢谢。
行李员: 希望您在这里过得开心愉快。我先离开了。

<Hướng dẫn bên trong phòng> nhân viên hành lý giải thích các thiết bị
Nhân viên hành lý: Tôi xin phép hướng dẫn cách sử dụng các thiết bị trong phòng. Đây phòng tắm. Những tài sản có giá trị, xin quý khách hãy bỏ vào trong két sắt. Ngoài ra, những dịch vụ và tiện nghi trong khách sạn, xin quý khách vui lòng đọc bảng hướng dẫn trong khách sạn. Và xin vui lòng cho chúng tôi biết nếu quý khách cần bất cứ điều gì.
Khách: Cám ơn anh.
Nhân viên hành lý: Xin mời quý khách thong thả nghỉ ngơi. Tôi xin phép.

主な業務

[Principle duties] Cleaning and maintenance of guest rooms, Final inspection of guest rooms (in some hotels, only the person in charge is an employee of the hotel, while other operations are fully outsourced), Equipment management, Respond to requests from guests (delivery of additional linens, amenities, etc.), Laundry

[主要工作] 客房清洁、整理，客房的最终检查（在一些酒店，酒店员工只担任负责人，其他工作完全外包）,备品管理，回应客人要求（提供额外的布草和一次性客房用品等），洗衣房

[Công việc chính] Dọn dẹp vệ sinh, bảo trì phòng nghỉ của khách, Kiểm tra lần cuối phòng nghỉ của khách (tùy vào từng khách sạn, có những khách sạn chỉ người phụ trách là nhân viên chính thức của khách sạn, còn những nghiệp vụ còn lại toàn bộ ủy thác cho bên ngoài.), Quản lý thiết bị, Đáp ứng các yêu cầu của khách (cung cấp thêm cho khách khăn các loại và vật dụng tiêu hao), Giặt là

客室清掃業務の流れ

[Room cleaning workflow (rooms that have already been checked out)]
① preparation of cleaning wagon
(load wagons with necessary cleaning supplies, detergents, consumables, equipment, linens, etc.)
② room cleaning
(open the door ➡ check for forgotten items ➡ turn off lights not needed for work ➡ open curtains ➡ pack up used linens and trash and place them outside the room ➡ make beds ➡ wipe down furniture (chairs, desks, etc.) in the room ➡ clean bathroom ➡ vacuum ➡ place amenities, linens, etc.)

[客房清洁工作流程（已退房的客房）]
① 准备清洁工作车
（将必要的清洁工具、清洁剂、消耗品、备品、布草等放入工作车）
② 清洁客房
（打开房门 ➡ 检查有无物品被遗忘 ➡ 关闭清洁时不需要的电灯 ➡ 拉开窗帘 ➡ 将用过的布草和垃圾一并放到客房外 ➡ 整理床铺 ➡ 擦拭客房内的家具（椅子、桌子等）➡ 清洁浴室 ➡ 吸尘 ➡ 摆放一次性客房用品、布草等）

[Quy trình công việc của bộ phận buồng phòng (phòng đã được khách trả)]
① chuẩn bị xe đẩy dọn phòng chuyên dụng
(chất các dụng cụ dọn dẹp vệ sinh, xà phòng, vật dụng tiêu hao, thiết bị, khăn trải giường, khăn các loại)
② dọn dẹp vệ sinh phòng nghỉ của khách
(Mở cửa➡xác nhận có đồ để quên hay không➡tắt những bóng điện không cần thiết trong công việc➡mở rèm cửa➡thu gom khăn trải giường, khăn các loại đã sử dụng và rác mang để bên ngoài phòng➡dọn giường ➡lau sạch các đồ gia dụng trong phòng (như ghế, bàn) ➡dọn phòng tắm➡hút bụi➡đặt bộ vật dụng tiêu hao, khăn....)

会話①

<Room attendant taking item to a room> reception responds to the guest's request and the room attendant takes the item
Reception staff: [phone rings] This is reception. [smile]
Guest: I'm sorry, I need a blanket.
Reception staff: Of course, sir. [smile] This is Mr. Sato in Room 703, correct?
Guest: Yes.
Reception staff: I will have someone bring it to your room immediately.
Room attendant: [arrived in front of the room] Room attendant calling. I have brought a blanket for you.
[guest opens the door. outside the door]
Guest: Yes.
Room attendant: Thank you very much for your patience. I have brought a blanket for you.
Guest: Thank you.

<由客房服务员送到客房> 前台听取客人的要求，由客房服务员送到客房
前台: [电话铃响]您好，这里是前台。[微笑]
客人: 不好意思，我想要一条毯子。
前台: 好的。[微笑]您是703房间的佐藤先生对吗?

客人: 是的。
前台: 好的，服务员会立即送到您的房间。
客房服务员: [到了房门前面]您好，我是客房服务员。我来给您送毯子。
[客人打开房门。在门外]
客人: 是的。
客房服务员: 让您久等了。我来给您送毯子。
客人: 谢谢。

<Nhân viên buồng phòng mang đi> nghe yêu cầu của khách ở lễ tân, nhân viên buồng phòng sẽ mang đi
Lễ tân: [điện thoại reo] Lễ tân xin nghe. [tươi cười]
Khách: Xin lỗi, tôi muốn cái chăn.
Lễ tân: Tôi hiểu rồi ạ. [tươi cười] Phòng của quý khách là phòng 703 của anh/chị Sato có đúng không ạ?
Khách: Vâng.
Lễ tân: Vậy thì, nhân viên chúng tôi xin phép sẽ mang lên phòng ngay ạ.
Nhân viên buồng phòng: [đến trước phòng] Tôi là nhân viên buồng phòng đây ạ. Tôi mang chăn đến ạ.
[khách mở cửa. Ở bên ngoài cửa]
Khách: Vâng.
Nhân viên buồng phòng: Xin lỗi đã để anh phải chờ lâu. Tôi đã mang chăn đến rồi ạ.
Khách: Cám ơn.

会話②

<Call pointing something out> guest makes a call: pointing out a problem
Guest: I'm sorry, I don't have a bath towel.
Reception staff: My sincere apologies. You are in room 801, correct? I will have someone deliver it to your room immediately. Do you have any plans to go out?
Guest: No, I don't.
Reception staff: Someone will be there as quickly as possible. Thank you for your patience.
Room attendant: [arrived in front of the room] Room attendant calling. I have your bath towel.
Guest: [guest opens the door] Thank you. This was quite an oversight. Honestly.
Room attendant: I am very sorry. [bow] We will be careful to ensure this never happens in the future. Ms. Ogawa, I wanted to make you as comfortable as possible after your bath, so I brought you a bathrobe as well. I hope you can use it.
Guest: Oh, thank you. That's very thoughtful. But please be careful in the future.
Room attendant: Very good, madam. We sincerely apologize again for the inconvenience. [bow]

<来电指出问题> 客人来电：客人指出问题
客人: 浴室里没有浴巾。
前台: 非常抱歉。您在801号房间是吧？我们马上把浴巾送到您的房间，您接下来打算外出吗？
客人: 不打算外出。
前台: 好的，请稍等片刻，服务员会立即上门。
客房服务员: [到了房门前面]您好，我是客房服务员。我来给您送浴巾。
客人: [客人打开房门]辛苦了。让你多跑一趟。麻烦你了。
客房服务员: 真的非常抱歉。[鞠躬]今后我们会注意不再发生这种情况。这里还有一件浴袍，希望您洗完澡后能更舒适一些。如果您有需要，请尽管使用。
客人: 这样啊。那我就用咯。以后请多注意一下。
客房服务员: 以后一定多多注意。向您致以诚挚的歉意。[鞠躬]

<Có điện thoại chỉ trích> có điện thoại của khách: Khách hàng chỉ trích
Khách: Phòng tôi không có khăn tắm.
Lễ tân: Chúng tôi thành thật xin lỗi. Phòng của quý khách là 801 đúng không ạ. Chúng tôi sẽ mang lên phòng ngay đây ạ. Bây giờ quý khách có dự định sẽ đi ra ngoài không ạ?
Khách: Không, không có.
Lễ tân: Vậy thì xin quý khách vui lòng đợi trong chốc lát, nhân viên chúng tôi sẽ mang đến ngay lập tức.
Nhân viên buồng phòng: [đến trước phòng] Tôi là nhân viên buồng phòng đây ạ. Tôi mang khăn tắm đến ạ.
Khách: [khách mở cửa] Làm phiền anh. Tôi đã không biết phải làm sao luôn đấy. Thật tình.
Nhân viên buồng phòng: Chúng tôi thành thật xin lỗi. [cúi đầu] Chúng tôi sẽ chú ý hơn để không xảy ra những trường hợp như thế này nữa. Chúng tôi muốn quý khách Ogawa sau khi tắm xong, sẽ cảm thấy thoải mái nhất có thể nên tôi đã mang theo áo choàng tắm. Nếu không ngại thì xin quý khách sử dụng nó ạ.
Khách: Vậy à? Vậy thì tôi sẽ sử dụng. Lần sau hãy lưu ý nhé.
Nhân viên buồng phòng: Tôi hiểu rồi ạ. Tôi thành thật xin lỗi quý khách. [cúi đầu]

5課

主(おも)な業務(ぎょうむ)

[Principle duties] Order takers taking an order, Prepare food and beverages as ordered and take them to guest rooms, Set the food on the table, Collect menus from door knobs

[主要工作] 点餐员（接单服务员）接受订单，根据订单准备餐饮品送到客房，把餐品摆放在桌上，收回门把手菜单

[Công việc chính] Người nhận đơn đặt món (nhân viên lễ tân nhận đặt món) nhận đơn đặt món, Chuẩn bị những thức ăn hoặc món đồ uống đã nhận được từ đơn đặt món, mang đến phòng của khách, Đặt thức ăn lên bàn, Thu nhận các thẻ thực đơn treo ở tay nắm cửa

ルームサービス提供(ていきょう)の流(なが)れ

[Room service workflow]
① take ordered food and beverages to guest rooms
(check the flow line to the guest room and speedily transport food and beverages, taking care to keep them hot/cold as applicable)
② enter the guest's room and set the table
(if a guest's personal belongings are on the table, be sure to mention before moving them)
③ set out food and beverages
④ exit

[提供客房服务的流程]
① 根据订单将餐饮品送到客房
（确认前往客房的动线，注意保持餐饮品的温度，迅速送达）
② 进入客人的房间，布置餐桌
（如果桌子上放着客人的私人物品，务必先打一声招呼再将物品移走）
③ 摆放餐饮品
④ 离开客房

[Quy trình cung cấp dịch vụ phục vụ phòng]
① mang đồ ăn thức uống đã được khách hàng đặt đến phòng khách
(xác nhận đường đi đến phòng của khách, lưu ý đến việc giữ nóng, giữ lạnh thức ăn nhanh chóng mang đến phòng khách)
② vào phòng của khách, dọn thức ăn lên bàn
(trong trường hợp trên bàn có đồ đạc của khách, nhất định cần xin phép khách trước khi di chuyển đồ đạc)
③ đặt thức ăn và đồ uống lên bàn
④ rời khỏi phòng

会話①

<Receiving and confirming order> receiving a room service order from a guest
Order Taker: [phone rings] This is room service.
Guest: I would like to make an order.
Order Taker: Thank you for calling. This is Mr. Makihara from room 890, correct? I can take your order.
Guest: Two beef stews and a bottle of red wine, please.
Order Taker: You want two beef stews and a bottle of red wine. Do you want two glasses?
Guest: Yes. When will it get here?
Order Taker: It should be with you within 30 minutes.
Guest: Okay. That sounds fine.
Order Taker: Very good, sir. Now, if you will excuse me.

<接收并确认订单> 接收客人发出的客房服务订单
接单服务员: [电话铃响]您好，这里是客房服务。
客人: 我需要客房服务。
接单服务员: 感谢您的来电。您是890号房的槙原女士吧？您有什么需要？

客人: 麻烦送两份炖牛肉和一瓶红酒到房间来。
接单服务员: 跟您确认一下，您点的是两份炖牛肉和一瓶红酒。为您提供两只酒杯可以吗?
客人: 是的。几点可以送到?
接单服务员: 我想30分钟内应该能送到。
客人: 明白了。那就麻烦你们了。
接单服务员: 好的。感谢您的来电。

<Nhận và xác nhận đơn gọi món> nhận đơn gọi món phục vụ tại phòng từ khách hàng
Người nhận đơn đặt món: [điện thoại reo] Dịch vụ phục vụ tại phòng xin nghe.
Khách: Tôi muốn nhờ phục vụ thức ăn tại phòng.
Người nhận đơn đặt món: Cám ơn quý khách đã gọi điện thoại. Có phải là quý khách Makihara ở phòng 890 không ạ. Tôi xin phép nhận đơn đặt món của quý khách.
Khách: Vui lòng cho tôi hai phần thịt bò hầm và 1 chai rượu vang đỏ.
Người nhận đơn đặt món: Quý khách đã gọi hai phần thị bò hầm và 1 chai rượu vang đỏ đúng không ạ? Cốc thì chúng tôi chuẩn bị hai cái có được không ạ?
Khách: Vâng. Mấy giờ sẽ mang đến?
Người nhận đơn đặt món: Tôi nghĩ là trong vòng 30 phút nữa chúng tôi có thể mang đến được ạ.
Khách: Tôi hiểu rồi. Vậy thì, nhờ anh nhé.
Người nhận đơn đặt món: Vâng ạ. Vậy thì tôi xin phép.

会話②

<Room service delivery>
[delivering the room 20 minutes later]
Staff: [arrived in front of the room] Room service.
Guest: [opens door] Thank you.
Staff: May I bring it inside?
Guest: Yes, please come in.
Staff: Excuse me. [enter the room] May I set the dishes on the table?
Guest: Go ahead.
Staff: Thank you for your patience.
Guest: Thank you.
Staff: Please enjoy your meal. [bow] If there's anything else you need, please let me know. Now, please excuse me. [bow]

<提供客房服务>
[20分钟后送到房间]
工作人员: [到了房门前面]您好，客房服务。
客人: [开门]谢谢。
工作人员: 可以送到房间里吗?
客人: 好的，请进。
工作人员: 打扰了。[说完进入房间]可以把餐品放在餐桌上吗?
客人: 好。
工作人员: 让您久等了。
客人: 谢谢。
工作人员: 祝您用餐愉快。[鞠躬]如果您还有其他需要，请随时吩咐。我先离开了。[鞠躬]

<Mang đến phục vụ tại phòng>
[20 phút sau, mang đến phòng cho khách]
Nhân viên: [đến trước phòng] Nhân viên phục vụ phòng đây ạ.
Khách: [mở cửa] Cám ơn
Nhân viên: Tôi có thể mang vào bên trong phòng được không ạ?
Khách: Xin mời, anh vào đi.
Nhân viên: Tôi xin phép. [nói xong rồi vào phòng] Tôi xin phép đặt thức ăn lên bàn được không ạ?
Khách: Vâng
Nhân viên: Xin lỗi đã để cho quý khách phải đợi.
Khách: Cám ơn
Nhân viên: Xin quý khách thong thả dùng bữa. [cúi đầu] Nếu có bất cứ vấn đề gì, xin cứ vui lòng cho chúng tôi biết. Tôi xin phép. [cúi đầu]

主な業務

[Principle duties] Guidance on the area around the hotel, its facilities, and its location, Guidance to tourist attractions and restaurants, Reservation arrangements, changes, and cancellations (transportation, restaurants, various types of tickets, etc.), Holding and imparting of mails and messages, Respond to requests, Support VIPs, Hospital arrangements

[主要工作] 介绍酒店周边情况、设施和场所，介绍旅游名胜、餐厅，安排/变更/取消预订（交通、餐厅、各种票券等），保管/传达邮件和消息，应对要求，提供VIP服务，安排就医

[Công việc chính] Hướng dẫn về xung quanh khách sạn, cơ sở thiết bị, địa điểm, Hướng dẫn các địa điểm tham quan du lịch và nhà hang, Sắp xếp・thay đổi・hủy đặt trước (phương tiện giao thông, nhà hàng, vé các loại....), Lưu giữ・chuyển lại email/ tin nhắn, Xử lý yêu cầu, Phục vụ khách VIP, Sắp xếp bệnh viện

対応時に気をつけること

[Things to be careful of when interacting with guests]

① Religious reasons
Hotel guests come from many different countries. People from different cultures, who speak different languages, will have different diets, customs, and practices. There are also varied religions, with foods that are not allowed or forbidden due to religious reasons. Make sure to confirm such restrictions with each guest and guide them through anyway further procedures. Do not draw conclusions based on assumptions.

② Allergies
Allergies can be life-threatening and must be treated with the utmost care. If you receive information from a guest that they cannot eat something due to an allergy, immediately contact the relevant department. The most common food allergens are milk, eggs, and wheat; others include peanuts, crab, shrimp, and buckwheat. In addition to food, some guests may also be sensitive to dust and scents. It is important to confirm and share information about anything you notice about a guest's condition, no matter how small.

[应对时需注意]

① 宗教原因
酒店里的客人来自不同的国家。不仅语言不一样，不同的文化也有不同的饮食、习惯和习俗。而且宗教信仰也各不相同，所以还有因宗教原因不能吃的食物以及禁忌等。向客人介绍时应与客人确认清楚。切勿自以为是做出判断。

② 过敏
过敏会危及生命，必须以最谨慎的态度对待。如果客人提供了致敏食物的信息，请立即联系相关部门。常见的食物过敏原是牛奶、鸡蛋和小麦，其他还包括花生、蟹、虾和荞麦等。而且除了食物之外，有些客人对灰尘、香味等也很敏感。重要的是，如果通过观察注意到关于客人的任何情况，无论多小的细节，都应加以确认或共享信息。

[Những lưu ý khi xử lý]

① Những lý do về mặt tôn giáo
Ở khách sạn có khách của nhiều nước đến trọ. Ngôn ngữ là dĩ nhiên rồi, nhưng nếu như văn hóa khác biệt thì thức ăn, phong tục, tập quán có lẽ cũng khác. Ngoài ra, vì có nhiều tôn giáo khác nhau nên cũng có những món ăn bị cấm và những món ăn không bị cấm về mặt tôn giáo. Cần phải xác nhận cẩn thận với khách hàng để hướng dẫn họ. Không được phán đoán theo suy nghĩ của mình.

② Dị ứng
Vì dị ứng liên quan đến tính mạng con người, vì thế cần phải hết sức cẩn thận. Trường hợp có được thông tin từ khách là có món bị dị ứng không ăn được, hãy lập tức liên lạc với những bộ phận có liên quan. Những thực phẩm là nguyên nhân gây dị ứng phần lớn là sữa bò, trứng, lúa mì, ngoài ra còn có lạc, cua, tôm và kiều mạch (soba).... Ngoài ra, không chỉ có thức ăn, mà cũng có những vị khách mẫn cảm với mùi và bụi. Cho dù là việc nhỏ thế nào đi chăng nữa, nhưng nếu bạn nhận thấy điều gì đó qua trạng thái của khách hàng, thì việc xác nhận, chia sẻ thông tin là rất quan trọng.

会話①

<Providing recommendations from the concierge desk>

Guest: Excuse me, do you have any recommendations for restaurants near here?

Concierge: Yes. I can look into that immediately. Do you have any special requests regarding food or budget?

Guest: Let me see. I think I'd like Italian. Today is our wedding anniversary. We'd like a restaurant with a nice atmosphere.

[if there is no Italian restaurant inside the hotel]

Concierge: Congratulations on your anniversary. We have the Duomo di Milano nearby. It is a 3-minute walk from the hotel.

Guest: Okay, I think we'll go there. Can you provide directions?

Concierge: Turn left when you exit the main entrance. Walk for about 3 minutes and you will find it on the right. If you would like, I can check to see if they have a table.

Guest: Yes, please.

Concierge: Very good, sir. Please wait a moment.

Guest: Thank you.

<在礼宾柜台提供推荐服务>

客人: 你好，能帮我推荐一家附近的餐厅吗?

礼宾员: 您好，我马上为您查询。您对菜肴或预算这些有什么要求吗?

客人: 这个嘛，意大利菜应该不错。今天是我们的结婚纪念日，我想找一家有氛围的餐厅。

[如果酒店里没有意大利餐厅]

礼宾员: 祝福两位。这附近有一家米兰杜莫餐厅。从酒店步行3分钟左右就能到达。

客人: 那我们就去那里看看。怎么样才能到那家餐厅?

礼宾员: 出酒店正门左转。步行三分钟左右，餐厅就在您右手边。如果需要的话，我可以帮您确认一下有没有空位。

客人: 那就麻烦你了。

礼宾员: 好的。我现在确认，请稍等一会儿。

客人: 谢谢。

<Đưa ra những lời khuyến nghị từ bàn hướng dẫn khách>

Khách: Xin lỗi, gần đây có nhà hàng nào có thể giới thiệu cho chúng tôi được không?

Nhân viên hỗ trợ khách hang: Vâng, tôi sẽ tìm ngay. Quý khách có nguyện vọng sẽ thưởng thức món ăn gì và ngân sách như thế nào không ạ?

Khách: Ừm, sao nhỉ! Món Ý đi nhỉ. Vì hôm nay chúng tôi kỉ niệm ngày cưới, cho nên chắc là sẽ chọn nhà hàng nào có không gian đẹp một tí.

[trường hợp trong khách sạn không có nhà hàng Ý]

Nhân viên hỗ trợ khách hang: Xin chúc mừng quý khách.Ở gần đây, thì có nhà hàng Milano Duomo. Từ khách sạn đi bộ đến đấy mất khoảng 3 phút.

Khách: Vậy thì, chắc là chúng tôi sẽ đi thử đến đó. Thế, làm thế nào để đi đến đó?

Nhân viên hỗ trợ khách hang: Quý khách ra khỏi cổng chính của khách sạn, rồi hãy rẽ trái. Đi bộ khoảng 3 phút, sẽ thấy nhà hàng nằm ở bên phải. Nếu quý khách không phiền, tôi sẽ xác nhận xem nhà hàng còn bàn không nhé?

Khách: Vậy thì nhờ chị giúp cho.

Nhân viên hỗ trợ khách hang: Tôi hiểu rồi ạ. Tôi sẽ xác nhận. Quý khách vui lòng chờ cho chốc lát ạ.

Khách: Cám ơn.

会話②

<Concierge speaking to a guest in the lobby> Mr. Sato is looking for something
Concierge: Mr. Sato, are you looking for something?
Guest: I can't find a paper bag I left in the lobby. It has a "Suzuki-ya" logo on it.
Concierge: A paper bag, correct?
Guest: Yes. That's right.
Concierge: Very good, sir. I will look into it now. Can you please wait over there for a moment?
Guest: Okay. No problem.
Concierge: Mr. Sato, thank you very much for your patience. It was turned in at the bellhop desk as a forgotten item.
Guest: That's great. Thank you.

<礼宾员在大堂和客人打招呼> 佐藤先生在找什么东西
礼宾员: 佐藤先生，您在找什么吗?
客人: 有个“铃木屋”的纸袋放在大堂，现在不见了。
礼宾员: 一个纸袋是吗?
客人: 是的。没错。
礼宾员: 好的。马上帮您查找，请您稍等片刻。
客人: 好的。明白了。
礼宾员: 佐藤先生，让您久等了。有人捡到了纸袋，已经送到行李柜台了。
客人: 太好了。谢谢。

<Nhân viên hỗ trợ khách hàng bắt chuyện với khách tại sảnh> vị khách Sato đang tìm gì đó
Nhân viên hỗ trợ khách hang: Quý khách Sato, quý khách đang tìm gì hay sao ạ?
Khách: Tôi không thấy túi giấy của "Cửa hàng Suzuki" mà tôi đã để ở sảnh khách sạn đâu cả.
Nhân viên hỗ trợ khách hang: Túi giấy, một túi có phải không ạ?
Khách: Vâng, đúng rồi.
Nhân viên hỗ trợ khách hang: Tôi hiểu rồi ạ. Bây giờ tôi sẽ tìm xem, quý khách vui lòng chờ trong giây lát ạ
Khách: Vâng, tôi hiểu rồi.
Nhân viên hỗ trợ khách hang: Quý khách Sato, xin lỗi đã để quý khách chờ đợi. Chiếc túi đã được chuyển đến bàn chuông như là hành lý để quên rồi ạ.
Khách: May quá. Cám ơn chị.

7課

チェックアウトの流れ

[Check-out workflow]
① confirm if the guest wants to check out
② have the guest return the room key
③ check for additional charges ➡ payment if required
④ check to see if there are any held packages or messages
⑤ give receipt

When working reception, answering the phone is also part of the job. Of course, there will be calls not only from guests, but also from staff in other departments, vendors, etc. Because you cannot see their faces, it is necessary to communicate cleanly and concisely. It is important to avoid jargon and speak clearly. Furthermore, when guests call you on an outside line, the call charges are borne by the guest. Keep that in mind when handling the call. If a call looks to take a long time, then call the guest back. The following is a standard telephone response.

[退房流程]
① 确认是否退房
② 请客人归还房间钥匙
③ 确认有无额外费用 ➡ 如有则一并结算
④ 确认有无为客人保管的行李和消息等
⑤ 交付收据

接听电话是前台的工作之一。当然，不仅有来自客人的电话，也有来自其他部门工作人员和供应商等的电话。因为看不到对方的脸，需要简洁明了地传达内容，所以避免使用专业术语等，说话清晰明确很重要。此外，当客人使用外线打进电话时，通话费用由客人承担，在接听电话时要牢记这一点。如果通话时间较长，请回拨给客人。以下是接听电话的基本要求。

[Quy trình làm thủ tục trả phòng]
① xác nhận xem họ có trả phòng hay không
② nhận lại thẻ khóa phòng
③ xác nhận xem có khoản phí phát sinh nào cần thanh toán hay không ➡ nếu có thì thanh toán
④ xác nhận xem có đang giữ hành lý hay tin nhắn gì của khách hay không
⑤ trao hóa đơn cho khách

Ở lễ tân, việc trả lời điện thoại cũng là một phần của công việc. Dĩ nhiên là không chỉ điện thoại từ khách mà còn có điện thoại liên lạc từ nhân viên của các bộ phận khác hay là từ các cơ sở kinh doanh khác. Vì không nhìn thấy mặt khi nói chuyện nên cần phải chuyển tải ngắn gọn, chính xác nội dung sự việc, tránh dùng các thuật ngữ chuyên môn, nó rõ ràng là điều quan trọng. Ngoài ra, khi có điện thoại của khách gọi từ bên ngoài vào, khách hàng phải chịu phí điện thoại, vì thế, phải ghi nhớ điều này khi trả lời điện thoại với khách. Trong trường hợp nếu câu chuyện có thể sẽ kéo dài, hãy gọi lại cho khách. Dưới đây là mẫu trả lời điện thoại cơ bản.

基本的な電話応対の流れ

[Basic workflow for handling phone calls] **(for more details, see p.114)**
① receive a call
“Thank you for calling. This is (hotel name).”
② confirm the identity of the caller
③ ask what the caller wants
④ say farewell
“This was ○○ (your name) speaking. Thank you for calling.”
⑤ finish a call
“Now, if you will excuse me.”

[听电话的基本要求] **(详细请参照114页)**
① 接听电话
“感谢您的来电。这里是（酒店名称）。”
② 确认客户的资料
③ 确认客户的来电目的

④ 挂电话前的说辞

“谢谢您的来电。我是○○（自己的名字）接了您的电话。”

⑤ 挂电话

“感谢您的来电。”

[Trình tự trả lời điện thoại một cách cơ bản] (chi tiết tham khảo trang 114)

① nhận điện thoại

“Cám ơn quý khách đã gọi đến. Khách sạn (Tên khách sạn) xin nghe.”

② xác nhận khách hàng

③ xác nhận sự việc

④ chào hỏi kết thúc

“Cám ơn quý khách đã điện thoại đến. Tôi là ○○ (nói tên mình) đã tiếp nhận điện thoại.”

⑤ cắt điện thoại

“Tôi xin phép.”

会話①

<Check-out procedure>

Guest: I'd like to check out.

Reception staff: Very good, madam. Ms. Ogawa, I hope you had a good rest yesterday. [smile]

Guest: I did, thank you.

Reception staff: Please check this statement regarding your stay. No additional payments are required. Here is your receipt.

Guest: Thank you.

Reception staff: Thank you for staying with us. We look forward to seeing you again. Please take care. [bow]

<办理退房手续>

客人: 请帮我退房。

前台: 好的。小川女士，昨天休息得好吗？[微笑]

客人: 挺好的，谢谢。

前台: 请您核对一下此次入住的费用清单。没有产生额外费用。这是收据。

客人: 好的，谢谢。

前台: 感谢您入住本酒店。期待您再次光临。您慢走。[鞠躬]

<Công việc thủ tục trả phòng>

Khách: Cho tôi trả phòng.

Lễ tân: Vâng ạ. Quý khách Ogawa, ngày hôm qua quý khách có thong thả nghỉ ngơi được không ạ? [tươi cười]

Khách: Vâng, cám ơn.

Lễ tân: Quý khách có thể kiểm tra giúp bảng chi tiết về dịch vụ đã sử dụng lần này giúp được không ạ.Quý khách không có chi phí phát sinh. Và đây là hóa đơn ạ.

Khách: Vâng, cám ơn.

Lễ tân: Cám ơn quý khách đã sử dụng khách sạn của chúng tôi. Chúng tôi mong sẽ được tiếp đón quý khách lần tới. Quý khách đi cẩn thận ạ. [cúi chào]

会話②

<Responding to guest requests>
Guest: Excuse me.
Reception staff: Yes?
Guest: I need to take a cab.
Reception staff: Yes, sir. Mr. Sato, isn't it. I will call one for you at once. Please take a seat in and wait. Do you have a specific destination in mind?
Guest: Yes, to Tokyo Station.
Reception staff: Very good, sir. I will inform the driver of your destination.
Guest: Thank you. Please do so.
[A short time later–]
Reception staff: Thank you very much for your patience. Your cab is here. This way.
Guest: Oh, thank you.

<回应客人要求>
客人: 你好。
前台: 您好。
客人: 我需要一辆出租车。
前台: 好的。您是佐藤先生吧。我马上为您叫车，请您坐在那边的椅子上稍等。您决定好去哪里了吗?
客人: 是的，去东京站。
前台: 好的。叫到车之后我会告诉司机。
客人: 谢谢。麻烦你了。
[过一会儿]
前台: 让您久等了。出租车到了。请这边走。
客人: 啊，谢谢你。

<Đáp ứng nhu cầu của khách hang>
Khách: Xin lỗi….
Lễ tân: Vâng ạ.
Khách: Tôi muốn đi taxi….
Lễ tân: Tôi hiểu rồi ạ. Quý khách là ngài Sato đúng không ạ. Tôi sẽ gọi taxi ngay, xin quý khách vui lòng ngồi ở ghế đằng kia chờ cho ạ. Quý khách đã biết chỗ sẽ đi đến chưa ạ?
Khách: Vâng, tôi muốn đến ga Tokyo.
Lễ tân: Tôi hiểu rồi ạ. Sau khi xe được điều tới, tôi sẽ báo với tài xế ạ.
Khách: Cám ơn. Chị giúp cho nhé.
[một lúc sau]
Lễ tân: Xin lỗi đã để quý khách phải chờ lâu. Taxi đã đến rồi ạ. Xin mời quý khách.
Khách: À, cám ơn.

8課

クレーム対応の基本の流れ

[Workflow for handling complaints]
① apologize
Rather than the details of the complaint itself, first apologize for making the guest feel uncomfortable.
② listen
Listen to and empathize with guests to find out what they are dissatisfied with and what their opinions are, then propose solutions. Guests talk to you because they want you to understand what they are feeling.
③ communicate the solution and make sure it is understood
If you cannot solve the problem on your own, ask your supervisor or the person in charge to take over and handle the situation. It is important that guests accept and are happy with your explanation.
④ apologize again and express gratitude
Apologize again and let the guest know that you will make sure it does not happen again. Then, thank them for their valuable time and input.
⑤ information sharing and dissemination among staff
Information should be shared among staff members and improvements made to prevent similar occurrences from happening again.

[处理投诉的基本流程]
① 道歉
为让客人感到不舒服而道歉，而不是为投诉的内容道歉。
② 倾听
倾听、理解客人的感受，了解客人对何事感到不满、有何意见，并提出解决方案。客人和你说话，是希望你了解他们的想法。
③ 告知解决方案，请客人理解
如果自己无法解决问题，请上司或负责人接手处理。客人认可非常重要。
④ 再次道歉并表示感谢
再次道歉，表明今后会确保此类事件不再发生。然后感谢客人抽出宝贵时间提出意见。
⑤ 在工作人员中共享信息和确保周知
必须在工作人员之间共享信息并改进工作，以确保此类事件不再发生。

[Quy trình cơ bản của việc xử lý những phàn nàn của khách]
① xin lỗi
Xin lỗi vì đã khiến cho khách cảm giác không thoải mái hơn là vì nội dung phàn nàn của khách.
② lắng nghe
Chúng ta phải lắng nghe xem khách có sự bất mãn về vấn đề gì, có ý kiến gì, đồng cảm với khách rồi tìm và đưa ra phương án giải quyết.
③ nói với khách về phương án giải quyết, để cho khách hiểu
Trong trường hợp không thể tự giải quyết một mình, thì sẽ nhờ cấp trên hoặc người chịu trách nhiệm xử lý giúp. Điều quan trọng là để cho khách cảm thấy hài lòng.
④ cùng với việc xin lỗi thêm một lần nữa, hãy bày tỏ lòng biết ơn của mình
Bạn xin lỗi thêm một lần nữa, và cho khách biết rằng sẽ không bao giờ để xảy ra sự việc như thế này nữa. Hãy tỏ lòng biết ơn họ vì đã dành thời gian quý báu để đưa ra ý kiến cho khách sạn của mình.
⑤ chia sẻ thông tin phổ biến kiến thức chung giữa nhân viên với nhau
Để sự việc tương tự như vậy không xảy ra lần nữa, cần phải chia sẻ thông tin giữa các nhân viên và phải cải thiện vấn đề.

会話①

<Response to complaints>
Guest: Excuse me. I can't sleep because of the noisy footsteps of the people in the room above. Can you do something about it?
Staff: Of course. We apologize for any inconvenience caused during your stay. I will immediately send someone to the room above to check it out. If you can bear with us for a while, shall I contact you in your room after we check it out?
Guest: Yes, thank you.

<应对投诉>
客人: 你好。楼上的脚步声吵得我睡不着觉，你们能做点什么吗?
工作人员: 原来是这样。非常抱歉影响您休息了。我们立即到上一层查看。请您稍等片刻，待我们查看完毕后，需

不需要跟您说一下情况?

客人: 好的，麻烦你。

<Xử lý phàn nàn>

Khách: Xin lỗi. Tiếng bước chân của người ở tầng trên ồn quá tôi không ngủ được. Anh có thể làm thế nào xử lý giúp được không?

Nhân viên: Thế ạ? Chúng tôi thành thật xin lỗi vì đã làm phiền trong lúc quý khách đang nghỉ ngơi. Tôi sẽ lập tức lên tầng trên để tìm hiểu ngay. Xin quý khách vui lòng chờ cho một lát ạ. Sau khi tìm hiểu xong, tôi sẽ liên lạc đến phòng của quý khách có được không ạ?

Khách: Vâng, anh giúp cho.

会話②

Then they inquire to the room in question and explain there has been a complaint about the noise. Then politely ask those in the room who are making the noise to leave.

Guest: Hello. What happened?

Staff: Sir, I am very sorry to say that there was a room on the upper floor where several people had gathered and were making noise.
Someone visited the room directly and cautioned them to leave immediately. It will take a little longer for things to calm down. We have prepared another room on the same floor, which we hope you can use to at least get some rest. You may leave your personal belongings as they are. I'm very sorry to make this request at this late hour, but what do you think?

Guest: There's no need to go that far. I still hear footsteps, but it is quieter than before. Thank you for telling them to stop. I'm going to bed now. It should be fine.

Staff: Very good, sir. I am on duty today, so if you have any further concerns, please feel free to contact me at any time. Well then, good night.

The next morning, the reception manager apologizes again and confirms that the guest had a good night. Then, as a way of apologizing for not meeting the guest's expectations, they offer a discounted rate, inform the guest of our future plans and improvements, and say, "We hope you will continue to patronize Omotenashi Hotel."

随后，告知楼下有客人投诉，请楼上的客人安静。然后礼貌地请共同制造噪音的朋友离开。

客人: 你好，怎么样了?

工作人员: 客人您好，非常抱歉，楼上的一个房间里，有几个人聚集在一起吵吵嚷嚷。
我们已经直接到那个房间劝告他们立即离开。不过还需要一段时间才能安静下来。所以我们在这一层另外准备了一个房间，这样您至少可以到那个房间里休息。当然，您可以将随身物品等直接留在这个房间里。我很抱歉在这么晚的时间提出这个请求，您意下如何?

客人: 不用这么麻烦的。我还是能听到脚步声，但确实比刚才安静一些了。谢谢你上门提醒楼上的客人。我要睡觉了，没事的。

工作人员: 好的。我是今天的值班人员，如果还有任何情况，请随时与我联系。您好好休息，晚安。

第二天早上，前台负责人向客人道歉，确认客人有没有休息好。并且，再次对于未能满足客人期待表示歉意，提出为客人打折，告知今后的处理和改进措施等，并表示“期待您今后继续光顾Omotenashi酒店”。

Sau đó, yêu cầu khách ở tầng trên giữ im lặng vì có khách ở tầng dưới phàn nàn. Rồi lịch sự mời người bạn làm ồn rời đi.

Khách: Alo, có chuyện gì vậy?

Nhân viên: Xin lỗi quý khách, chúng tôi thành thật xin lỗi vì có phòng ở tầng trên nhiều người tụ tập, làm ồn ạ.
Chúng tôi đã trực tiếp lên phòng, và đã nhắc nhở họ rời đi rồi ạ. Tuy nhiên, tôi nghĩ là để hoàn toàn im lặng, có lẽ phải mất thêm một lúc. Vì thế, chúng tôi đã chuẩn bị đã chuẩn bị sẵn một phòng khác cũng cùng tầng, mong quý khách có thể sử dụng, ít ra là trong lúc quý khách cần nghỉ ngơi. Dĩ nhiên là quý khách có thể để nguyên đồ đạc của mình như hiện tại ạ. Đã khuya rồi mà còn làm phiền đến quý khách như thế này, chúng tôi thật sự rất ngại. Quý khách thấy thế nào ạ.

Khách: Không cần phải làm đến như vậy đâu. Tôi vẫn còn nghe tiếng bước chân đi lại, nhưng mà đúng là đã yên lặng hơn so với lúc nãy. Cám ơn anh đã nhắc nhở họ. Tôi sẽ đi ngủ bây giờ nên không sao đâu.

Nhân viên: Vâng, tôi hiểu rồi ạ. Tôi là nhân viên trực ngày hôm nay, nếu như quý khách có điều gì bận tâm, xin quý khách vui lòng liên hệ bất cứ lúc nào. Vậy thì tôi xin phép. Chúc quý khách ngủ ngon.

Sáng hôm sau, người phụ trách lễ tân sẽ xin lỗi, hỏi thăm khách có thong thả nghỉ ngơi được hay không. Và xin lỗi một lần nữa vì đã không đáp ứng được như mong đợi của khách hàng, đưa ra đề nghị giảm tiền để tạ lỗi và hứa với khách sẽ cải thiện, đưa ra hướng xử lý để lần sau không xảy ra những việc tương tự. Và chào khách "Rất mong trong tương lai, quý khách vẫn yêu mến và sử dụng các dịch vụ của khách sạn Omotenashi của chúng tôi."

☑ おもてなしのフレーズ チェックリスト

「おもてなしのフレーズ」が言えるようになりましたか。確認しましょう。

第1課	□こんにちは。
	□いらっしゃいませ。
	□かしこまりました。
	□承知いたしました。
	□恐れ入りますが、
	□ごゆっくりお過ごしくださいませ。
	□失礼いたします。
第2課	□いらっしゃいませ。
	□恐れ入りますが、
	□お名前をフルネームでお伺いしてもよろしいでしょうか。
	□お待ちしておりました。
	□おもてなしホテルにお越しいただきまして、誠にありがとうございます。
	□差し支えなければ、
	□大変お待たせいたしました。
	□何かご不明な点はございますでしょうか。
	□どうぞごゆっくりお過ごしくださいませ。
第3課	□ご案内お願いします。
	□かしこまりました。
	□ご案内いたします。こちらへどうぞ。
	□こちらのエレベーターをご利用ください。
	□お部屋は7階でございます。
	□こちらでございます。
第4課	□すぐにお部屋までお持ちいたします。
	□大変お待たせいたしました。
	□申し訳ございませんでした。
	□では、至急、係の者が伺いますので少々お待ちくださいませ。
	□本当に申し訳ございませんでした。
	□誠に申し訳ございませんでした。

第5課	□30分以内にお届けできるかと存じます。
	□ルームサービスでございます。
	□失礼いたします。
	□お待たせいたしました。
	□ごゆっくりお召しあがりください。
	□他に何かございましたら、お申し付けください。
第6課	□すぐにお調べします。
	□お料理やご予算など何かご希望はございますか。
	□かしこまりました。
	□少々お待ちください。
	□ただいま、お調べいたしますので、
	□こちらで少々お待ちいただけますでしょうか。
第7課	□かしこまりました。
	□昨日はゆっくりお休みいただけましたか。
	□ご利用ありがとうございました。
	□またお待ちしております。
	□お気をつけていってらっしゃいませ。
	□承知いたしました。
第8課	□さようでございますか。
	□ご迷惑をおかけいたしまして、誠に申し訳ございません。
	□お客さま、大変申し上げにくいのですが、
	□このようなお願いをして大変申し訳ございませんが、
	□かしこまりました。
	□また何か気になることがございましたら、
	□いつでもご連絡くださいませ。
	□それでは、お休みなさいませ。

語彙リスト

課	語彙	ふりがな	英語	中国語	ベトナム語	場所	ページ
1	身だしなみ	みだしなみ	personal appearance	个人仪容	diện mạo, vẻ bên ngoài	考えましょう	p.15
	出迎える	でむかえる	greet	迎接	đón tiếp, đón	会話①	p.16
	車寄せ	くるまよせ	covered driveway	酒店门廊	đường xe chạy vào tòa nhà	ポイント1	p.18
	用途	ようと	use	用途	sử dụng,ứng dụng	ポイント1	p.18
	さまざま		various	各种各样	nhiều, nhiều loại, nhiều kiểu	ポイント1	p.18
	トーン		tone	声调	giọng nói	ポイント1	p.18
	～うえで		after~	～之后	sau khi ~, thì~	ポイント2	p.18
	宴会	えんかい	banquet	宴会	yến tiệc, tiệc, bữa tiệc, tiệc chiêu đãi	ポイント2	p.18
	曖昧	あいまい	ambiguous	含糊不清	mơ hồ, mập mờ, không rõ ràng	ポイント2	p.18
	車種	しゃしゅ	car model	车型	loại xe ô tô, kiểu xe ô tô	ポイント2	p.18
	連携をとる	れんけいをとる	cooperate with	合作	hợp tác, cộng tác, chung sức	ポイント2	p.18
	単に	たんに	simply	仅仅	đơn thuần, đơn giản	ポイント4	p.18
	述べる	のべる	state	讲述	bày tỏ, trình bày, nói	ポイント4	p.18
	トラブル		trouble	麻烦	rắc rối, trở ngại, vấn đề khúc mắc	ポイント4	p.18
	回避	かいひ	avoid	避免	tránh, tránh né, trốn tránh	ポイント4	p.18
	複数	ふくすう	several	若干	số nhiều, nhiều	ポイント4	p.18
	確か	たしか	certain	确实	chính xác là, chắc chắn là	ポイント4	p.18
	同様	どうよう	same	一样	giống, tương tự	ポイント5	p.19
	負担をかける	ふたんをかける	be a burden	造成负担	tạo gánh nặng	ポイント6	p.19
	クッション言葉	クッションことば	cushioning words	缓和气氛用语	từ nói đệm trước, lời đệm	ポイント6	p.19
	配慮する	はいりょする	take into consideration	考虑到	quan tâm, để ý đến	ポイント6	p.19
	聞き取る	ききとる	listen	听取	nghe hiểu	ポイント7	p.19
	必ず	かならず	always	务必	nhất định, nhất quyết	ポイント7	p.19
	聞き返す	ききかえす	repeat back	再次询问	hỏi lại	ポイント7	p.19
	返答する	へんとうする	reply	回答	hồi đáp, trả lời	ポイント7	p.19
	情報交換	じょうほうこうかん	information exchange	交换信息	trao đổi thông tin	ポイント7	p.19

課	語彙	ふりがな	英語	中国語	ベトナム語	場所	ページ
1	重要	じゅうよう	important	重要	quan trọng, trọng yếu	ポイント7	p.19
	通常	つうじょう	normal	通常	bình thường, thông thường	ポイント7	p.19
	インカム		intercommunication system	内部通话系统	thu nhập	ポイント7	p.19
	運用する	うんようする	operate	运用	vận hành, sử dụng, ứng dụng	ポイント7	p.19
	中継する	ちゅうけいする	relay	转达	truyền hình trực tiếp	ポイント7	p.19
	フルネーム		full name	全名	họ và tên	ポイント7	p.19
	レジストレーション・カード		registration card	登记卡	thẻ đăng ký	ポイント7	p.19
	再度	さいど	again	再次	lần nữa, lại	ポイント7	p.19
	場合によっては	ばあいによっては	in some cases	在某些情况下	trong vài trường hợp, tùy theo trường hợp	ポイント7	p.19
	失礼に当たる	しつれいにあたる	to be rude	粗鲁无礼	gây thất lễ, thất lễ	ポイント7	p.19
	伝わる	つたわる	transmit	传达	truyền đạt, nói	ポイント8	p.20
	引き継ぐ	ひきつぐ	take over	交接	chuyển giao, tiếp quản	ポイント9	p.20
	つながる		connect	关系到	liên kết, kết nối, liên quan, nối	ポイント9	p.20
	文型	ぶんけい	sentence pattern	句型	mẫu câu	ポイント9	p.20
	接客	せっきゃく	customer service	接待客人	tiếp khách	ポイント9	p.20
	お手回り品	おてまわりひん	personal effects	随身物品	vật dụng cá nhân	基本練習	p.21
	上着	うわぎ	jacket	上衣	áo khoác	基本練習	p.21
	預かる	あずかる	keep	保管	canh giữ, trông nom, nhận giữ ~	基本練習	p.21
	くつろぐ		relax	放松	nghỉ ngơi, thư giãn	応用練習	p.23
	先輩	せんぱい	superior	前辈	tiền bối, người đi trước, đàn anh, đàn chị	コラム	p.25
	目立つ	めだつ	stand out	醒目	nổi bật	コラム	p.25
	感動する	かんどうする	be impressed	感动	cảm động, xúc động	コラム	p.25
	奥様	おくさま	wife	太太	phu nhân, vợ (của người khác)	コラム	p.25
	特徴	とくちょう	features	特点	đặc trưng	コラム	p.25
	メモする		take notes	记笔记	ghi chú	コラム	p.25
	服装	ふくそう	attire	服装	quần áo, trang phục	コラム	p.25
	髪型	かみがた	hairstyle	发型	kiểu tóc	コラム	p.25

課	語彙	ふりがな	英語	中国語	ベトナム語	場所	ページ
1	スムーズ		smooth	顺利	trơn tru, trôi chảy	コラム	p.25
	確かめる	たしかめる	confirm	确认	xác nhận, làm rõ ràng	コラム	p.25
	お荷物タグ	おにもつタグ	luggage tag	行李标签	thẻ hành lý	コラム	p.25
	入り口	いりぐち	entrance	入口	lối vào, cửa vào	コラム	p.25
	結婚式	けっこんしき	wedding	婚礼	tiệc cưới, lễ cưới, hôn lễ	コラム	p.25
	待ち合わせ	まちあわせ	appointment	约定会合	cuộc hẹn, hẹn	コラム	p.25
	あわてる		panic	慌乱	vội vàng, luống cuống, hoảng	コラム	p.25
	落ち着く	おちつく	calm	沉着	bình tĩnh, điềm tĩnh	コラム	p.25
	注意する	ちゅういする	caution	注意	chú ý	コラム	p.25
2	署名	しょめい	signature	签名	ký tên, chữ ký	見る前に②	p.31
	動作	どうさ	motion	动作	động tác, thao tác	見る前に②	p.31
	状況	じょうきょう	status	状况	tình hình, tình trạng	会話②	p.31
	欄	らん	form field	栏	cột	会話②	p.31
	指し示す	さししめす	indicate	用手指着	chỉ, cho thấy, chỉ ra	会話②	p.31
	指す	さす	point	指向	chỉ, chỉ ra	会話②	p.31
	差し支えなければ	さしつかえなければ	if it isn't a problem	方便的话	nếu không có vấn đề gì thì ~	会話②	p.31
	お連れ様	おつれさま	companions	同伴	khách đi cùng, người đi cùng	会話②	p.31
	記入	きにゅう	fill in	填写	ghi vào, điền vào	会話②	p.31
	デラックスツインルーム		deluxe twin room	豪华双人间	phòng hai giường đơn (deluxe twin)	会話②	p.31
	ルームキー		room key	房间钥匙	chìa khóa phòng	見る前に③	p.32
	手続き	てつづき	procedure	手续	thủ tục	会話③	p.32
	以上	いじょう	that's all	以上	xong, kết thúc	会話③	p.32
	不明な点	ふめいなてん	unclear points	不明之处	điểm chưa rõ	会話③	p.32
	利用する	りようする	use	使用	sử dụng	会話③	p.32
	許可	きょか	permit	许可	sự cho phép	ポイント1	p.33
	求める	もとめる	demand	要求	yêu cầu, tìm kiếm	ポイント1	p.33
	～な形になる	～なかたちになる	change into a ~ form	变成～的形式	trở nên / trở thành ~	ポイント1	p.33
	すでに		already	已经	trước đó đã, đã	ポイント1	p.33
	共有する	きょうゆうする	share	共享	chia sẻ	ポイント1	p.33
	箇所	かしょ	place	地方	nơi, điểm, địa điểm	ポイント3	p.33

課	語彙	ふりがな	英語	中国語	ベトナム語	場所	ページ
2	選択する	せんたくする	select	选择	tuyển chọn, lựa chọn	ポイント３	p.33
	丁寧度	ていねいど	politeness	礼貌度	mức độ lịch sự	ポイント３	p.33
	接客業	せっきゃくぎょう	service industry	接待业	nghề dịch vụ, nghề phục vụ	ポイント３	p.33
	判断する	はんだんする	judge	判断	phán đoán/ suy xét	ポイント３	p.33
	リゾートホテル		resort hotel	度假酒店	khách sạn nghỉ dưỡng	ポイント３	p.33
	以外	いがい	excepting	以外	ngoài ra, ngoài, ngoại trừ	ポイント３	p.33
	呼びかける	よびかける	call over	打招呼	kêu, gọi, kêu gọi	ポイント４	p.34
	必要	ひつよう	necessary	需要	cần thiết	ポイント４	p.34
	言葉遣い	ことばづかい	language used	措词	cách sử dụng từ ngữ, lời ăn tiếng nói	ポイント４	p.34
	順に	じゅんに	in order	按顺序	lần lượt, theo thứ tự	ポイント５	p.34
	セキュリティー		security	安保	an ninh	ポイント５	p.34
	読み上げる	よみあげる	read out loud	念出来	đọc lên	ポイント５	p.34
	基本	きほん	basic	基本	cơ bản	ポイント５	p.34
	異なる	ことなる	vary	不同	khác, khác với	ポイント６	p.34
	知らせる	しらせる	inform	通知	báo tin, thông báo, cho biết	ポイント７	p.35
	返事	へんじ	reply	回复	trả lời, hồi đáp, hồi âm	ポイント８	p.35
	場面	ばめん	scene	场面	ngữ cảnh, bối cảnh, tình trạng	ポイント９	p.35
	階数	かいすう	number of floors	层数	số tầng	ポイント９	p.35
	作業	さぎょう	work	作业	công việc	ポイント１０	p.35
	副詞	ふくし	adverb	副词	phó từ	ポイント１０	p.35
	和語	わご	native Japanese words	日语固有词汇	từ gốc Nhật	ポイント１０	p.35
	慣用的	かんようてき	customary	惯用的	được sử dụng rộng rãi	ポイント１０	p.35
	和室	わしつ	Japanese-style room	日式房间	phòng kiểu Nhật	基本練習	p.37
	食事券	しょくじけん	meal ticket	餐券	vé mua suất ăn/ vé mua đồ ăn	基本練習	p.37
	地下	ちか	underground	地下	dưới hầm	基本練習	p.37
	朝食	ちょうしょく	breakfast	早餐	bữa sáng	基本練習	p.37
	スパ		spa	水疗	spa	基本練習	p.37
	利用券	りようけん	coupon	消费券	thẻ sử dụng/ vé sử dụng	基本練習	p.37

課	語彙	ふりがな	英語	中国語	ベトナム語	場所	ページ
2	完了	かんりょう	completion	完成	hoàn thành, hoàn tất, xong xuôi	基本練習	p.37
	エグゼクティブルーム		executive room	行政客房	phòng hạng sang (executive room)	応用練習	p.38
	表情	ひょうじょう	facial expression	表情	biểu cảm, thần thái, nét mặt	コラム	p.41
	心を込める	こころをこめる	put one's heart into it	用心	làm~ hết lòng	コラム	p.41
	準備する	じゅんびする	prepare	准备	chuẩn bị	コラム	p.41
	特別	とくべつ	special	特别	đặc biệt	コラム	p.41
	記念日	きねんび	anniversary	纪念日	ngày kỷ niệm	コラム	p.41
	追加料金	ついかりょうきん	additional fees	额外费用	chi phí phát sinh thêm	コラム	p.41
	実感する	じっかんする	realize	真实感受	cảm nhận thực tế,	コラム	p.41
	不自由	ふじゆう	disability	残疾	không tự do	コラム	p.41
	花火大会	はなびたいかい	fireworks display	烟花大会	lễ hội pháo hoa	コラム	p.41
	思い出す	おもいだす	remember	回忆起	nhớ ra	コラム	p.41
	用意する	よういする	prepare	准备	chuẩn bị	コラム	p.41
	あいにく		unfortunately	不凑巧	đáng tiếc, không may	コラム	p.41
	高層階	こうそうかい	high floors	高楼层	các tầng phía trên cao	コラム	p.41
	ものの		although	虽然…但是…	tuy nhiên, nhưng	コラム	p.41
	感じる	かんじる	feel	感觉	cảm giác, cảm thấy	コラム	p.41
	提案する	ていあんする	suggest	建议	đề xuất, đưa ra	コラム	p.41
	結果	けっか	result	结果	kết quả	コラム	p.41
	行動する	こうどうする	act	行动	hành động	コラム	p.41
3	スモールトーク（雑談）	ざつだん	small talk	聊天（闲聊）	nói chuyện phiếm, tạp đàm	見る前に②	p.47
	到着する	とうちゃくする	arrive	到达	đến	見る前に②	p.47
	進む	すすむ	advance	前进	tiến lên, tiến triển	会話②	p.47
	差し込み	さしこみ	insert	插入	lồng vào, đút vào, cho vào	会話②	p.47
	ランプ		lamp	灯	đèn	会話②	p.47
	点滅	てんめつ	flashing	闪烁	đèn nhấp nháy	会話②	p.47
	オートロック		self-locking	自动上锁	khóa tự động	会話②	p.47
	説明する	せつめいする	describe	说明	giải thích	見た後で②	p.47
	設備	せつび	equipment	设备	thiết bị	会話③	p.48
	バスルーム		bathroom	洗手间	phòng tắm	会話③	p.48

課	語彙	ふりがな	英語	中国語	ベトナム語	場所	ページ
3	貴重品	きちょうひん	valuables	贵重物品	vật có giá trị	会話③	p.48
	など		and so on	等	vân vân	会話③	p.48
	金庫	きんこ	safe	保险箱	két sắt	会話③	p.48
	内	ない	inside	内	trong, bên trong	会話③	p.48
	~につきましては		about	关于	về việc	会話③	p.48
	館内	かんない	inside the hotel	酒店内	bên trong tòa nhà	会話③	p.48
	用	よう	requirement	事情	công việc, có việc	会話③	p.48
	際は	さいは	in that case	时	trong trường hợp, khi	会話③	p.48
	なんなりと		anything at all	尽管	bằng mọi giá, bằng mọi cách	会話③	p.48
	申し付ける	もうしつける	instruct	吩咐	chỉ thị, chỉ bảo, ra lệnh	会話③	p.48
	申し伝える	もうしつたえる	convey a message	传话	gửi lời, chuyển lời	ポイント1	p.49
	同僚	どうりょう	colleague	同事	đồng nghiệp	ポイント1	p.49
	始めに	はじめに	first of all	首先	đầu tiên, lúc đầu, ban đầu	ポイント2	p.49
	場合	ばあい	in the case of	时候	trường hợp	ポイント2	p.49
	最も	もっとも	most	最为	vô cùng, ~ nhất	ポイント2	p.49
	第一に	だいいちに	primarily	首要	đầu tiên, thứ nhất	ポイント2	p.49
	側	がわ	side	侧	phía	ポイント3	p.49
	方向	ほうこう	direction	方向	hướng	ポイント3	p.49
	声をかける	こえをかける	greet	打招呼	bắt chuyện	ポイント3	p.49
	ヒント		hint	提示	gợi ý	ポイント3	p.49
	得る	える	obtain	获得	giành được, có được, lấy được	ポイント3	p.49
	より良い	よりよい	better	更好	tốt hơn	ポイント3	p.49
	おすすめ		recommend	推荐	đề xuất, gợi ý, khuyên	ポイント3	p.49
	言い終わる	いいおわる	finish speaking	说完	nói xong	ポイント4	p.50
	先	さき	ahead	先	trước	ポイント4	p.50
	操作盤	そうさばん	control panel	操控面板	bảng điều khiển	ポイント4	p.50
	押さえる	おさえる	hold down	按住	giữ chặt	ポイント5	p.50
	前もって	まえもって	in advance	提前	(làm cái gì đó) trước	ポイント6	p.50
	典型的	てんけいてき	typical	典型的	mang tính điển hình	ポイント7	p.51
	注意点	ちゅういてん	important point	注意事项	điểm lưu ý	ポイント8	p.51
	一言	ひとこと	single word	一句话	một đôi lời	ポイント8	p.51

課	語彙	ふりがな	英語	中国語	ベトナム語	場所	ページ
3	添える	そえる	accompany	加上	thêm vào, đính kèm, gửi kèm, kèm theo	ポイント8	p.51
	困る	こまる	be troubled	困扰	khó khăn, lúng túng, gặp rắc rối	ポイント8	p.51
	丁寧体	ていねいたい	polite style	礼貌体	thể lịch sự	ポイント8	p.51
	役割	やくわり	role	作用	vai trò, phận sự	ポイント9	p.51
	具体的	ぐたいてき	fundamental	具体的	một cách cụ thể	ポイント9	p.51
	お祝い	おいわい	celebration	庆祝	chúc mừng	基本練習	p.54
	連絡を取る	れんらくをとる	make contact	取得联系	liên lạc	コラム	p.57
	チームワーク		teamwork	团队合作	làm việc theo nhóm	コラム	p.57
	壊れる	こわれる	broken	损坏	phá vỡ	コラム	p.57
	動き	うごき	move	动作	chuyển động	コラム	p.57
	積極的	せっきょくてき	positive	积极地	một cách tích cực	コラム	p.57
	周り	まわり	surroundings	周围	xung quanh	コラム	p.57
	頼む	たのむ	request	拜托	yêu cầu, đề nghị	コラム	p.57
	気配り	きくばり	attention	注意	quan tâm, chú ý, chu đáo	コラム	p.57
	高齢	こうれい	elderly	高龄	cao tuổi	コラム	p.57
	テーマパーク		theme park	主题乐园	công viên giải trí	コラム	p.57
	シャトルバス		shuttle bus	班车	xe buýt đưa đón	コラム	p.57
	発車時刻	はっしゃじこく	departure time	发车时间	giờ khởi hành	コラム	p.57
	印刷する	いんさつする	print	打印	in	コラム	p.57
4	寒気	さむけ	chill	发冷	cảm thấy lạnh, rét	考えましょう	p.61
	ブランケット		blanket	毯子	chăn	考えましょう	p.61
	届ける	とどける	deliver	送达	đưa đến, chuyển đến	見る前に①	p.62
	係の者	かかりのもの	person in charge	服务员	người phụ trách	会話①	p.62
	あるべき		should be in	应有的	thứ cần phải có	見る前に②	p.63
	指摘	してき	point out	指出	sự chỉ trích	会話②	p.63
	外出	がいしゅつ	going out	外出	đi ra ngoài	会話②	p.63
	至急	しきゅう	urgent	立即	cấp tốc, khẩn cấp, gấp	会話②	p.63
	今後	こんご	from now on	今后	lần sau, từ này về sau	会話②	p.63
	決して	けっして	never	决不	nhất định~ , tuyệt đối~, quyết~	会話②	p.63
	お風呂上がり	おふろあがり	just out the bath	洗完澡	ra khỏi bồn tắm, tắm xong	会話②	p.63
	快適	かいてき	comfortable	舒适	sảng khoái	会話②	p.63

課	語彙	ふりがな	英語	中国語	ベトナム語	場所	ページ
4	バスローブ		bathrobe	浴袍	áo choàng tắm	会話②	p.63
	外線	がいせん	outside line	外线	ngoại tuyến (điện thoại ngoài công ty)	ポイント1	p.64
	枕	まくら	pillow	枕头	gối	ポイント2	p.64
	アメニティ		amenity	一次性客房用品	bộ vật dụng sử dụng 1 lần trong khách sạn	ポイント2	p.64
	アイロン		electric iron	熨斗	bàn là, bàn ủi	ポイント2	p.64
	報告する	ほうこくする	report	报告	báo cáo	ポイント3	p.64
	待たせる	またせる	keep someone waiting	使人等待	để người khác phải chờ đợi	ポイント4	p.65
	希望する	きぼうする	desire	希望	mong muốn, nguyện vọng	ポイント4	p.65
	受け取る	うけとる	receive	接收	tiếp nhận, đón nhận	ポイント4	p.65
	一般的	いっぱんてき	generally	一般的	thông thường, phổ biến, chung chung	ポイント4	p.65
	しっかり		firmly	充分	chắc chắn	ポイント4	p.65
	念の為	ねんのため	just to be sure	保险起见	để cho chắc	ポイント4	p.65
	多め	おおめ	more	多一些	nhiều	ポイント4	p.65
	告げる	つげる	impart	告诉	báo, thông báo	ポイント6	p.65
	言いさし	いいさし	incomplete utterance	点到为止	cách nói dừng nửa chừng	ポイント6	p.65
	省略する	しょうりゃくする	abbreviate	省略	giản lược	ポイント6	p.65
	構わない	かまわない	doesn't matter	没关系	không sao, không thành vấn đề	ポイント6	p.65
	同時礼	どうじれい	greeting with a simultaneous bow	边打招呼边行礼	kiểu chào vừa cúi đầu chào vừa nói	ポイント7	p.66
	誠実	せいじつ	sincere	诚实	thành thực	ポイント7	p.66
	態度	たいど	attitude	态度	thái độ	ポイント7	p.66
	誠意	せいい	good faith	诚意	thành ý	ポイント8	p.66
	示す	しめす	indicate	表明	chỉ ra, cho thấy, thể hiện	ポイント8	p.66
	明らかに	あきらかに	obviously	明显	rõ ràng, hiển nhiên	ポイント8	p.66
	ミス		mistake	失误	sai sót, lỗi	ポイント8	p.66
	対して	たいして	regarding	对于	đối với	ポイント8	p.66
	気を悪くする	きをわるくする	offend	不愉快	làm cho tâm trạng tồi tệ, làm cho ai đó khó chịu	ポイント8	p.66
	深く	ふかく	deeply	深深地	sâu sắc, sâu	ポイント9	p.66

課	語彙	ふりがな	英語	中国語	ベトナム語	場所	ページ
4	最敬礼	さいけいれい	respectful bow	最崇高的敬礼	cúi chào một cách cung kính	ポイント9	p.66
	分離礼	ぶんりれい	verbal greeting before bowing	先打招呼再行礼	noi lời chao, lời cảm ơn xong mới cui chao	ポイント9	p.66
	充電器	じゅうでんき	charger	充电器	bộ phận sạc pin	基本練習	p.67
	アロマ加湿器	アロマかしつき	aroma humidifier	香薰加湿器	máy tạo độ ẩm có hương thơm	基本練習	p.68
	加湿器	かしつき	humidifier	加湿器	máy tạo độ ẩm	応用練習	p.69
	流れが悪い	ながれがわるい	poor flow	排水很慢	dòng chảy yếu	コラム	p.71
	出が悪い	でがわるい	poor water pressure	出水不畅	nước chảy yếu	コラム	p.71
	問い合わせ	といあわせ	inquiry	咨询	nơi hướng dẫn, liên lạc	コラム	p.71
	清掃	せいそう	cleaning	清洁	dọn dẹp, quét tước, vệ sinh	コラム	p.71
	前日	ぜんじつ	previous day	前一天	mấy hôm trước, ngày trước đó	コラム	p.71
	注文する	ちゅうもんする	place order	下订单	đặt, gọi món	コラム	p.71
	炒飯（チャーハン）	ちゃーはん	fried rice	炒饭	cơm chiên, cơm rang	コラム	p.71
	半分	はんぶん	half	一半	một nửa	コラム	p.71
	残る	のこる	remain	剩余	còn lại	コラム	p.71
	指示を出す	しじをだす	issue instructions	发出指示	đưa ra hướng dẫn/ chỉ thị	コラム	p.71
	衛生面	えいせいめん	sanitary aspects	卫生方面	về mặt vệ sinh	コラム	p.71
	全員	ぜんいん	everyone	全员	toàn bộ thành viên,tất cả mọi người	コラム	p.71
	代わりに	かわりに	instead	代替	thay vì, thay cho	コラム	p.71
	内容	ないよう	content	内容	nội dung	ディスカッションポイント	p.71
5	承る	うけたまわる	accept	明白	tiếp nhận/ nhận đơn	会話①	p.76
	ビーフシチュー		beef stew	炖牛肉	thịt bò hầm	会話①	p.76
	赤ワイン	あかワイン	red wine	红酒	rượu vang đỏ	会話①	p.76
	グラス		glass	玻璃杯	cốc thủy tinh	会話①	p.76
	以内	いない	inside	以内	trong vòng	会話①	p.76
	室内	しつない	indoor	室内	trong phòng	会話②	p.77
	セットする		set up	摆放	dọn thức ăn lên bàn	会話②	p.77
	召しあがる	めしあがる	eat	用餐	dùng bữa	会話②	p.77
	オーダーを受ける	オーダーをうける	take order	接受订单	nhận đơn gọi món, thưởng thức món ăn	ポイント1	p.78
	お礼	おれい	gratitude	致谢	cám ơn	ポイント1	p.78

課	語彙	ふりがな	英語	中国語	ベトナム語	場所	ページ
5	調理部	ちょうりぶ	culinary department	厨房部门	bộ phận bếp	ポイント2	p.78
	要望にそう	ようぼうにそう	meet needs	满足要求	dựa theo yêu cầu	ポイント2	p.78
	努力する	どりょくする	do one's best	努力	cố gắng, nỗ lực	ポイント2	p.78
	ひとまず		firstly	暂且	tạm thời, trước mắt	ポイント2	p.78
	なるべく		as much as possible	尽可能	trong điều kiện có thể, hết mức có thể	ポイント2	p.78
	確実に	かくじつに	with certainty	切实地	chính xác, xác thực, chắc chắn	ポイント3	p.78
	ワゴン		wagon	工作车	xe đẩy	ポイント5	p.79
	可能な限り	かのうなかぎり	as much as possible	尽可能	trong khả năng có thể	ポイント5	p.79
	不要	ふよう	unnecessary	不必	không cần thiết	ポイント5	p.79
	長らく	ながらく	long	好久	lâu	ポイント6	p.79
	手際よく	てぎわよく	skillfully	巧妙地	khéo léo	ポイント6	p.79
	ミックスナッツ		mixed nuts	混合坚果	hỗn hợp các loại hạt	基本練習	p.82
	瓶ビール	びんビール	bottled beer	瓶装啤酒	bia chai	基本練習	p.82
	ナポリタン		Neapolitan	那不勒斯风味意面	Món mì Spagetti Neapolitan	基本練習	p.82
	ミックスピザ		mixed pizza	混合口味比萨	Pizza trộn nhiều loại	基本練習	p.82
	チキンカレー		chicken curry	鸡肉咖喱	cà ri gà	基本練習	p.82
	焼酎	しょうちゅう	shochu	烧酒	rượu shochu	基本練習	p.82
	ステーキ		steak	牛排	món bít tết	応用練習	p.83
	枝豆	えだまめ	edamame	毛豆	đậu nành Nhật (eda mame)	応用練習	p.83
	グリルチキン		grilled chicken	烤鸡	gà nướng	応用練習	p.83
	デラックスルーム		deluxe room	豪华客房	phòng deluxe (phòng cao cấp)	コラム	p.85
	ディナーコース		dinner course	晚餐套餐	món ăn tối	コラム	p.85
	ボトルワイン		bottled wine	瓶装酒	rượu chai	コラム	p.85
	雰囲気	ふんいき	atmosphere	氛围	bầu không khí	コラム	p.85
	キャンドル		candle	蜡烛	nến	コラム	p.85
	何度も	なんども	many times	多次	nhiều lần	コラム	p.85
	実際に	じっさいに	in practice	实际上	thực tế	コラム	p.85
	足りる	たりる	be sufficient	足够	đủ	コラム	p.85
	お詫び	おわび	apology	道歉	lời xin lỗi	コラム	p.85
	バター		butter	黄油	bơ	コラム	p.85
	タバスコ		tabasco	塔巴斯科	tương ớt tabasco	コラム	p.85
	きちんと		make sure to	准确地	chỉnh chu, cẩn thận	コラム	p.85

課	語彙	ふりがな	英語	中国語	ベトナム語	場所	ページ
5	基本的	きほんてき	basic	基本的	về cơ bản	コラム	p.85
6	予算	よさん	budget	预算	ngân sách, dự toán	会話①	p.90
	イタリアン		Italian	意大利菜	(kiểu) Ý	会話①	p.90
	当ホテル	とうホテル	this hotel	本酒店	khách sạn chúng tôi	会話①	p.90
	徒歩	とほ	walking	步行	đi bộ	会話①	p.90
	距離	きょり	distance	距离	khoảng cách	会話①	p.90
	正面	しょうめん	the front	正面	cửa trước, chính diện	会話①	p.90
	玄関	げんかん	entryway	大门	cửa vào nhà, lối vào nhà	会話①	p.90
	紙袋	かみぶくろ	paper bag	纸袋	túi giấy	見る前に②	p.91
	見当たる	みあたる	be found	看见	nhìn thấy, tìm thấy	会話②	p.91
	少々	しょうしょう	small quantity	少量	một chút, một tí	会話②	p.91
	忘れ物	わすれもの	lost article	遗失物品	đồ để quên, đồ thất lạc	会話②	p.91
	的確に	てきかくに	precisely	准确地	chính xác	ポイント1	p.92
	表す	あらわす	represent	表示	hiển thị, biểu thị	ポイント1	p.92
	限る	かぎる	be limited to	仅限	hạn chế, giới hạn	ポイント1	p.92
	アレルギー		allergy	过敏	dị ứng	ポイント1	p.92
	好み	このみ	likes	喜好	sự ưa thích, ý thích, sở thích	ポイント1	p.92
	探る	さぐる	search	摸索	tìm kiếm, theo dõi	ポイント1	p.92
	最適	さいてき	most suitable	最佳	thích hợp nhất	ポイント1	p.92
	勧める	すすめる	encourage	推荐	khuyên, để xuất, gợi ý	ポイント1	p.92
	観光地	かんこうち	tourist attraction	旅游景点	khu tham quan du lịch	ポイント1	p.92
	普段	ふだん	usual	通常	thông thường, bình thường	ポイント1	p.92
	アクセス方法	アクセスほうほう	access method	交通方式	cách thức truy cập	ポイント2	p.92
	いくつか		several	若干	một số, một vài	ポイント2	p.92
	案	あん	proposal	方案	dự thảo, phương án, ý tưởng	ポイント2	p.92
	選択肢	せんたくし	options	选项	sự lựa chọn	ポイント2	p.92
	与える	あたえる	give	提供	cho, tặng, ban, trao cho, đưa cho	ポイント2	p.92
	気遣う	きづかう	worry about	担心	quan tâm, lo lắng	ポイント2	p.92
	角	かど	corner	拐角	góc	ポイント3	p.93

課	語彙	ふりがな	英語	中国語	ベトナム語	場所	ページ
6	従う	したがう	follow	遵循	tuân theo, vâng theo	ポイント5	p.93
	常に	つねに	always	始终	luôn	ポイント6	p.93
	様子	ようす	state	情况	tình trạng	ポイント6	p.93
	気を配る	きをくばる	pay attention	注意	chú ý	ポイント6	p.93
	間違えを起こす	まちがえをおこす	make a mistake	犯错	gây ra sai lầm/ phạm sai lầm	ポイント7	p.94
	大抵	たいてい	most	大致	đại thể, thường	ポイント8	p.94
	語彙	ごい	vocabulary	词汇	từ ngữ	ポイント9	p.94
	交差点	こうさてん	intersection	十字路口	giao lộ, ngã tư	基本練習	p.96
	シーフード		seafood	海鲜	hải sản, đồ biển	応用練習	p.97
	夜景	やけい	night view	夜景	quang cảnh ban đêm, cảnh đêm	応用練習	p.97
	割烹	かっぽう	Kappo cuisine	割烹（传统日式料理）	món ăn truyền thống Nhật Bản cao cấp	応用練習	p.97
	観光名所	かんこうめいしょ	tourist attraction	旅游名胜	danh lam thắng cảnh	コラム	p.99
	手配	てはい	arrangement	安排	sắp xếp	コラム	p.99
	和食	わしょく	Japanese cuisine	日本料理	đồ ăn Nhật/ món ăn Nhật	コラム	p.99
	優先する	ゆうせんする	preferred	优先	ưu tiên	コラム	p.99
	回転寿司	かいてんずし	conveyor belt sushi	回转寿司	Sushi băng chuyền	コラム	p.99
	居酒屋	いざかや	Japanese bar	居酒屋	quán rượu, quán nhậu	コラム	p.99
	格好	かっこう	dress	装束	ngoại hình, vẻ bề ngoài, hình thức, ăn mặc	コラム	p.99
	おしゃれ		stylish	时髦	ăn diện, hợp thời trang	コラム	p.99
	受け止める	うけとめる	accept	接受	tiếp nhận	コラム	p.99
	接し方	せっしかた	approach	接待方法	cách giao tiếp	コラム	p.99
	理解する	りかいする	understand	了解	hiểu ra, lý giải	コラム	p.99
	周辺	しゅうへん	vicinity	周边	xung quanh	コラム	p.99
	ガイドブック		guidebook	指南	sách hướng dẫn	コラム	p.99
	目的地	もくてきち	destination	目的地	điểm đến	コラム	p.99
	関する	かんする	concerning	关于	liên quan đến	コラム	p.99
	役立てる	やくだてる	be useful	有用	có ích, hữu ích	コラム	p.99
7	明細書	めいさいしょ	breakdown	清单	bảng chi tiết	会話①	p.104
	支払い	しはらい	payment	付款	sự thanh toán	会話①	p.104
	領収書	りょうしゅうしょ	receipt	收据	hóa đơn	会話①	p.104
	かける		sit down	坐	ngồi	会話②	p.105
	配車	はいしゃ	arranging car	叫车	điều phối xe	会話②	p.105

課	語彙	ふりがな	英語	中国語	ベトナム語	場所	ページ
7	運転手	うんてんしゅ	driver	司机	tài xế, lái xe	会話②	p.105
	滞在	たいざい	stay	入住	trú lại, lưu lại, tạm trú	ポイント1	p.106
	承諾	しょうだく	consent	同意	chấp nhận, ưng thuận, đồng ý	ポイント2	p.106
	会計	かいけい	settling the bill	结账	kế toán	ポイント3	p.106
	来館	らいかん	coming to the hotel	来酒店	đến (khách sạn)	ポイント4	p.107
	かつ		and	且	ngoài ra, thêm vào đó	ポイント5	p.107
	その分	そのぶん	to that extent	相应的	tương ứng với phần đó	ポイント5	p.107
	ウチ		inside	内	bên trong	ポイント8	p.108
	ソト		outside	外	bên ngoài	ポイント8	p.108
	特急	とっきゅう	express	特快	tốc hành	基本練習	p.109
	両替	りょうがえ	money exchange	货币兑换	đổi tiền	基本練習	p.109
	ルームチェンジ		room change	更换房间	đổi phòng	基本練習	p.110
	整う	ととのう	put in order	整齐	chuẩn bị, sắp xếp	基本練習	p.110
	満室	まんしつ	fully occupied	客房已满	không còn phòng trống	基本練習	p.110
	リムジンバス		shuttle bus	机场接驳巴士	xe buýt limousine	応用練習	p.111
	総合窓口	そうごうまどぐち	general information desk	综合服务窗口	quầy tiếp khách tổng hợp	コラム	p.113
	臨機応変	りんきおうへん	as required	随机应变	phản ứng linh hoạt, tùy cơ ứng biến	コラム	p.113
	管理	かんり	control	管理	quản lý	コラム	p.113
	迷惑をかける	めいわくをかける	cause trouble	带来不便	làm phiền	コラム	p.113
	宿泊料	しゅくはくりょう	hotel charges	住宿费用	phí ăn ở	コラム	p.113
	付き合い	つきあい	socializing	应酬	quan hệ, giao thiệp	コラム	p.113
	請求する	せいきゅうする	invoice	请求	yêu cầu thanh toán	コラム	p.113
	依頼	いらい	request	委托	yêu cầu, thỉnh cầu, nhờ vả	コラム	p.113
	金額	きんがく	amount of money	金额	số tiền	コラム	p.113
	原因	げんいん	cause	原因	nguyên nhân	コラム	p.113
	信用	しんよう	credit	信用	lòng tin, sự tín nhiệm, tin tưởng	コラム	p.113
	扱う	あつかう	handle	经手	sử dụng, đối xử, giải quyết	コラム	p.113
	細かい	こまかい	detailed	细致的	chi tiết, cặn kẽ	コラム	p.113

課	語彙	ふりがな	英語	中国語	ベトナム語	場所	ページ
7	着信音	ちゃくしんおん	ringtone	铃声	tiếng chuông thông báo có điện thoại hoặc tin nhắn đến	フロントでの電話応対	p.114
	下の名前	したのなまえ	given name	名	họ tên bên dưới	フロントでの電話応対	p.114
	生年月日	せいねんがっぴ	date of birth	出生日期	ngày tháng năm sinh	フロントでの電話応対	p.114
	変更	へんこう	change	变更	thay đổi	フロントでの電話応対	p.114
	当日	とうじつ	on the day	当天	ngày hôm đó, vào ngày đó	フロントでの電話応対	p.114
	受話器	じゅわき	telephone receiver	听筒	ống nghe điện thoại	フロントでの電話応対	p.114
	宛	あて	addressed to	至～	nơi nhận	フロントでの電話応対	p.114
8	足音	あしおと	footsteps	脚步声	tiếng chân	会話①	p.118
	ただちに		immediately	立即	ngay, lập tức	会話①	p.118
	折り返し	おりかえし	by return	尽快	(gọi) lại	会話①	p.118
	退出する	たいしゅつする	leave	离开	rời khỏi, rút khỏi	会話②	p.119
	静まる	しずまる	calm down	安静	yên tĩnh xuống, ngớt, lắng xuống	会話②	p.119
	結構	けっこう	that's fine	可以	được rồi	会話②	p.119
	本日	ほんじつ	today	今天	ngày hôm nay	会話②	p.119
	当直	とうちょく	on duty	值班	đang trực	会話②	p.119
	割引	わりびき	discount	折扣	giảm giá, chiếc khấu	会話②	p.119
	改善点	かいぜんてん	points to improve	改进之处	điểm cải thiện	会話②	p.119
	愛顧	あいこ	patronize	光顾	yêu mến, yêu thương	会話②	p.119
	賜る	たまわる	receive	领受	nhận được, ban cho	会話②	p.119
	共感する	きょうかんする	sympathize	感同身受	đồng cảm	ポイント1	p.120
	寄り添う	よりそう	get close to	贴近	bên cạnh	ポイント1	p.120
	傾聴する	けいちょうする	listen	倾听	lắng nghe	ポイント1	p.120
	姿勢	しせい	posture	态度	tư thế	ポイント1	p.120
	非がない	ひがない	be not at fault	无可指责	không có gì sai sót	ポイント1	p.120
	言語行動	げんごこうどう	verbal behavior	言语行为	hành vi lời nói, hành động ngôn từ	ポイント1	p.120
	対処をする	たいしょをする	address	处理	ứng phó, xử lý, phản ứng	ポイント2	p.120
	謙虚	けんきょ	humility	谦虚	khiêm nhường, khiêm tốn	ポイント5	p.121

課	語彙	ふりがな	英語	中国語	ベトナム語	場所	ページ
8	押し付ける	おしつける	push onto	强加	áp đặt ~, ép ai đó làm gì	ポイント5	p.121
	移る	うつる	move	移动	di chuyển/ chuyển sang	ポイント6	p.121
	心が通じる	こころがつうじる	relate to	相互理解	hiểu được, đồng cảm	ポイント7	p.122
	不満	ふまん	dissatisfaction	不满	bất mãn, không hài lòng	ポイント7	p.122
	納得する	なっとくする	accept	认可	hài lòng, hiểu được, đồng ý	ポイント8	p.122
	一連	いちれん	series	一系列	một loạt, một dãy, một chuỗi	ポイント8	p.122
	収まる	おさまる	settle	告一段落	dịu lại, lắng xuống	ポイント8	p.122
	段階	だんかい	step	楼梯	cấp, giai đoạn	ポイント8	p.122
	時間帯	じかんたい	time zone	时段	khung thời gian	ポイント8	p.122
	面倒をかける	めんどうをかける	cause trouble	添麻烦	làm phiền, gây phiền hà	基本練習	p.124
	書類	しょるい	documents	文件	tài liệu, giấy tờ	基本練習	p.124
	不備がある	ふびがある	deficiency	存在不足	có thiếu sót	基本練習	p.124
	水漏れ	みずもれ	water leak	漏水	rò rỉ nước	基本練習	p.124
	コインパーキング		coin-operated parking	投币式停车场	bãi đỗ xe tốn phí tự động	基本練習	p.124
	Wi-Fi	ワイファイ	Wi-Fi	Wi-Fi	mạng không dây	コラム	p.127
	見合う	みあう	suitable	相称	tương xứng	コラム	p.127
	団体	だんたい	group	团体	đoàn thể, tập thể	コラム	p.127
	タイプ		type	类型	kiểu, loại, hình thức	コラム	p.127
	チャンス		opportunity	机会	cơ hội	コラム	p.127
	リピーター		repeater	回头客	khách thường xuyên/ khách quen	コラム	p.127
	だって		because	因为	bởi vì, vì là	クレーム対応時に気をつけること	p.128
	リクエスト		request	要求	yêu cầu, đề nghị	クレーム対応時に気をつけること	p.128
	担当	たんとう	staff in charge	负责人	phụ trách	クレーム対応時に気をつけること	p.128
	取り替える	とりかえる	replace	更换	thay thế, đổi	クレーム対応時に気をつけること	p.128
	シェフ		chef	厨师	đầu bếp	クレーム対応時に気をつけること	p.128

課	語彙	ふりがな	英語	中国語	ベトナム語	場所	ページ
8	先ほど	さきほど	just now	刚才	vừa lúc nãy, vừa mới, lúc nãy	クレーム対応時に気をつけること	p.128
	有料	ゆうりょう	fee	收费	tốn phí	クレーム対応時に気をつけること	p.128
	ホームページ		home page	网站	trang chủ	クレーム対応時に気をつけること	p.128
	予約サイト	よやくサイト	reservation site	预订网站	trang web đặt phòng	クレーム対応時に気をつけること	p.128
	目線	めせん	point of view	视线	tầm mắt, góc nhìn	クレーム対応時に気をつけること	p.128
	キョロキョロする		wander about	东张西望	nhìn dáo dác,nhìn, nhìn xung quanh một cách lo âu	クレーム対応時に気をつけること	p.128
	相づち	あいづち	a sound of agreement	随声附和	sử dụng các từ ngữ cử chỉ để đối phương biết mình đang lắng nghe họ	クレーム対応時に気をつけること	p.128
	途中で	とちゅうで	on the way	中途	giữa chừng	クレーム対応時に気をつけること	p.128
	ばかり		always	总是	toàn là	クレーム対応時に気をつけること	p.128
	腕を組む	うでをくむ	folding one's arms	抱着胳膊	khoanh tay trước ngực	クレーム対応時に気をつけること	p.128
	足を組む	あしをくむ	crossing one's legs	翘二郎腿	vắt chéo chân	クレーム対応時に気をつけること	p.128
	手をあてる	てをあてる	place hand on	把手放在～	đặt tay vào/ lên ~	クレーム対応時に気をつけること	p.128
	手を組む	てをくむ	join hands	手挽手	nắm/ đan hai bàn tay lại với nhau	クレーム対応時に気をつけること	p.128
	片足	かたあし	one leg	单脚	một bên chân	クレーム対応時に気をつけること	p.128
	体重	たいじゅう	weight	体重	cân nặng	クレーム対応時に気をつけること	p.128
	周囲の目	しゅういのめ	eyes of others in the vicinity	周围的目光	ánh mắt xung quanh	クレーム対応時に気をつけること	p.128

著者紹介

林 千賀（はやし ちが）

米国ダートマス大学専任日本語講師を経てハーバード大学専任日本語講師（ハーバード大学優秀教育者賞を受賞）。現在、城西国際大学国際人文学部教授。留学生別科 別科長。日本語教員養成課程（副専攻）を担当。「接客場面の『申し訳ございません』の使用実態ークレーム談話の『謝罪』に着目してー」『城西国際大学紀要』(2021)、共著『おもてなしの日本語　心で伝える接遇コミュニケーション　基本編』アスク(2020)、共著『新・はじめての日本語教育基本用語辞典　日本語教育能力検定試験対策』アスク（2019）などを執筆。

羽鳥 美有紀（はとり みゆき）

元日本航空グランドスタッフ。社内接遇サービス教育担当を経験し、成田国際空港株式会社「CS Award 2011 Autumn」、「CS Award 2011 特別賞」受賞。中国東北大学の専任日本語講師を経て、現在城西国際大学助教。「日本のおもてなしマナー」、「ビジネスマナー」講師として、中国や日本で活躍中（エレガンスマナーインストラクター資格保有者）。共著『おもてなしの日本語　心で伝える接遇コミュニケーション　基本編』アスク(2020)、『これ一冊で仕事のすべてがわかる！日本で働くための本-就活生から社会人まで-』アスク（2021）などを執筆。

齋藤 貢（さいとう みつぐ）

中国大連外国語大学で日本語講師、中国の中学校、高校、専門学校、企業での日本語教育、日本文化のクラス担当。現在、城西国際大学非常勤講師。共著『新経典　基礎日本語Ⅰ、Ⅱ』(2014)、共著「日本語学習者のための観光ホスピタリティ教育ーロールプレーの実践例からー」『日本観光ホスピタリティ教育学会全国大会研究発表論文集』日本観光ホスピタリティ教育学会（2019）、共著『おもてなしの日本語　心で伝える接遇コミュニケーション　基本編』アスク(2020)などを執筆。

執筆協力

東京マリオットホテル　宿泊部マネージャー
柘植次朗

撮影協力

駿台トラベル＆ホテル専門学校
城西国際大学　紀尾井町キャンパス3号棟

衣装協力

駿台トラベル＆ホテル専門学校

ホテルの日本語
心で伝える接遇コミュニケーション

2023年12月18日　初版　第1刷　発行

著者　林千賀・羽鳥美有紀・齋藤貢
翻訳　株式会社アミット（英語・中国語）
Nguyen Thi Ai Tien（ベトナム語）
イラスト　パント大吉
カバーデザイン　岡崎裕樹（アスク デザイン部）
収録・編集　アスク 映像事業部
本文デザイン　大山真葵（ごぼうデザイン事務所）
DTP　株式会社あるむ
発行人　天谷修身
発行　株式会社アスク
〒162-8558 東京都新宿区下宮比町2-6
電話 03-3267-6863
FAX 03-3267-6868
印刷・製本　日経印刷株式会社

ISBN 978-4-86639-704-7

アンケートにご協力ください。
https://www.ask-books.com/support/

解答

- ▶考えましょう
- ▶見てみましょう
- ▶基本練習
- ▶応用練習

第1課

【考えましょう】の解答とキーポイント

1. 宿泊、食事（レストラン）、会議、宴会、結婚式、ジム、スパなど

＊ホテルは宿泊するところだけではない、ということを理解しましょう。

2. 男性であれば、短髪でひげは剃り、女性であれば、長い髪はまとめ、おじぎをしたときにも崩れない髪型がよいです。また表情を明るく元気に際立たせるためにお化粧は必ずしましょう。服（制服）はアイロンをかけ、靴は毎日磨きます。爪は短く切りましょう。

＊身だしなみのポイントは清潔、清楚、控えめです。「おしゃれ」することは「身だしなみ」を整えることではありません。おしゃれは自分のために、自分が満足することですが、身だしなみを整えるということは、相手のために、どんな年齢の人からも受け入れられるものでなければなりません。

1. Lodgings, meals (restaurant), meetings, banquets, weddings, gym, spa, etc.
＊Understand that a hotel is not just a place to stay.
2. If men, short hair and clean shaven. For women, long hair should be gathered up, so as not fall down when bowing. Makeup is always worn to accentuate the brightness and energy of the face. Clothing (uniform) should be ironed and shoes polished daily. Nails must be short.
＊The key points of personal appearance are cleanliness, neatness, and modesty. To be "fashionable" is not to be "well groomed." Fashion is for oneself and one's own satisfaction, but grooming should be for others and acceptable to people of all ages.

1. 住宿、餐饮（餐厅）、会议、宴会、婚礼、健身房、水疗等
＊请大家明白，酒店不仅仅是住宿的地方。
2. 男性应剪短发，不留胡须。女性如果留长发应将头发扎好，以鞠躬时也不会散落的发型为佳。此外还必须化妆，使表情明亮开朗。衣服（制服）需熨烫，鞋子每天擦亮。指甲剪短。
＊个人仪容的要点是干净、整洁和庄重。打扮"时髦"不等于整理"个人仪容"。时髦是为了自己，让自己满意，而整理个人仪容是为了他人，必须为所有年龄段的人所接受。

1. Lưu trú, ăn uống (nhà hàng), hội nghị, yến tiệc, lễ cưới, phòng tập, spa v.v...
＊Hãy hiểu rằng khách sạn, không phải là nơi chỉ để lưu trú.
2. Nếu là nam giới, hãy để tóc ngắn và cạo râu. Nữ giới, nếu tóc dài thì hãy buộc gọn để khi cúi chào không bị xõa ra. Ngoài ra cần trang điểm để nét mặt lúc nào cũng trông tươi sáng và tràn đầy sức sống. Quần áo (đồng phục) phải là/ủi, giày phải lau mỗi ngày. Móng tay phải cắt ngắn.
＊Điểm quan trọng trong việc chỉnh chu ngoại hình đó chính là sự sạch sẽ, gọn gàng, nhã nhặn. Việc "ăn diện thời trang" không phải là chỉnh chu "ngoại hình". Ăn diện thời trang là để cho mình, thỏa mãn bản thân mình, còn việc chỉnh chu ngoại hình đó là để cho đối phương. Chúng ta phải chỉnh chu ngoại hình để cho bất kì đối tượng ở độ tuổi nào cũng đều chấp nhận mình.

見てみましょう

会話①

見る前に話し合いましょう

1 「いらっしゃいませ」

2 「お客さま、フロントデスクへご案内いたしますので、おかばんをお預かりいたします」

見た後で確認しましょう

1 「いらっしゃいませ」

2 「承知いたしました」、「かしこまりました」

3 「お客さま、フロントデスクへご案内いたしますので、おかばんをお預かりいたします」、「お客さま、フロントへご案内いたします」、「ご案内します」

④ e一お客さまを待たせたとき
⑤ a一チェックイン終了のとき
⑥ d一お客さまの名前を伺うとき

問題4

①○○様、本日より、２泊、１名様、セミダブルのお部屋でご予約いただいております。
②○○様、本日より、４泊、５名様、和室のお部屋でご予約いただいております。
③○○様、本日より、５泊、７名様、スイートのお部屋でご予約いただいております。

問題5

①○○様、大変お待たせいたしました。こちらがお食事券でございます。
レストランは地下１階でございます。朝食の時間は７時からでございます。
②○○様、大変お待たせいたしました。こちらがスパの利用券でございます。
スパは３階でございます。予約の時間は１１時からでございます。

問題6

①どうぞ、ごゆっくりお休みくださいませ。
②どうぞ、ごゆっくりお楽しみくださいませ。
③どうぞ、ごゆっくりおくつろぎくださいませ。

問題8

①いらっしゃいませ。
②恐れ入りますが、お名前をフルネームでお伺いしてもよろしいでしょうか。
③恐れ入りますが、こちらにお名前、ご住所、お電話番号をご記入ください。
④○○様、チェックインの手続きは以上でございます。何かご不明な点はございますでしょうか。
⑤お部屋へはあちらのエレベーターをご利用くださいませ。

応用練習

①

スタッフ：いらっしゃいませ。
お客さま：予約してある近藤ですが。
スタッフ：近藤様ですね。
恐れ入りますが、お名前をフルネームでお伺いしてもよろしいでしょうか。
お客さま：近藤正雄です。
スタッフ：近藤正雄様ですね。お待ちしておりました。
おもてなしホテルにお越しいただきまして、誠にありがとうございます。
恐れ入りますが、こちらにお名前、ご住所、お電話番号をご記入ください。
差し支えなければ、お連れ様のお名前もお願いします。
お客さま：はい。

スタッフ：ありがとうございます。近藤様。本日より、３泊４名様、エグゼクティブルームのお部屋でご予約をいただいております。
近藤様、大変お待たせいたしました。こちらがルームキーでございます。
お部屋は6階のこちらのお部屋でございます。明日のチェックアウトの時間は１１時でございます。近藤様、チェックインの手続きは以上でございます。
何かご不明な点はございますでしょうか。

お客さま：いいえ。

スタッフ：ありがとうございます。お部屋へはそちらのエレベーターをご利用ください。

お客さま：はい、わかりました。

スタッフ：どうぞごゆっくりお過ごしくださいませ。

②

スタッフ：いらっしゃいませ。

お客さま：予約してある高野ですが。

スタッフ：高野様ですね。
恐れ入りますが、お名前をフルネームでお伺いしてもよろしいでしょうか。

お客さま：高野恵美子です。

スタッフ：高野恵美子様ですね。お待ちしておりました。
おもてなしホテルにお越しいただきまして、誠にありがとうございます。
恐れ入りますが、こちらにお名前、ご住所、お電話番号をご記入ください。
差し支えなければ、お連れ様のお名前もお願いします。

お客さま：はい。

スタッフ：ありがとうございます。高野様。本日より、２泊３名様、スイートルームのお部屋でご予約をいただいております。
高野様、大変お待たせいたしました。こちらがルームキーでございます。
お部屋は ３ ５階のこちらのお部屋でございます。明日のチェックアウトの時間は１１時でございます。高野様、チェックインの手続きは以上でございます。
何かご不明な点はございますでしょうか。

お客さま：いいえ。

スタッフ：ありがとうございます。お部屋へはあちらのエレベーターをご利用ください。

お客さま：はい、わかりました。

スタッフ：どうぞごゆっくりお過ごしくださいませ。

第3課

【考えましょう】の解答とキーポイント

1. お客さまが1人のときは、乗るときも降りるときもお客さまが先です。お客さまが乗るときには、ドアが閉まらないように手で押さえ、お客さまが乗ったらすぐにスタッフも乗って操作盤の前に立ちます。行き先（階数）を伝え、到着したら、操作ボタンの「開」を押しながらもう片方の手でドアを押さえ、お客さまが安全に降りられるようにします。

2. お客さまが複数名のときは、乗り降りにも時間がかかります。お客さまがドアにはさまれないように、まずはスタッフが先に乗って操作盤の前に立ち、「開」ボタンを押しながら、もう片方の手でドアを押さえます。お客さまが安全に乗ったのを確認してから「閉」ボタンを押します。行き先の階数をお客さまに伝え、到着したらお客さまから先に降りてもらいます。その間、乗るときと同じように「開」ボタンを押しながら、もう片方の手でドアが閉まらないように押さえます。

1. When there is only one guest, the guest gets on and off the elevator first. When a guest gets on, the door should be held by hand to prevent it from closing. As soon as the guest gets on, the staff member also gets on and stands in front of the control panel. After stating the destination (floor number), upon arrival, hold the door with the other hand while pressing the "open" button on the control panel to allow the guest to safely exit.
2. When there is more than one guest, it will take more time to get in and out of the elevator. To prevent guests from getting hit by the doors, the staff member gets in first, stands in front of the control panel, and holds the door with the other hand while pressing the "open" button. After confirming the guests are all safely on board, they press the "close" button. Tell the guests the floors they are going to, and ask them to get off first upon arrival. In the meantime, press the "open" button as you would during boarding, while holding the door closed with your other hand.

1. 只有一位客人时，进出电梯时都以客人优先。客人进电梯时，应用手按住电梯门以防止其关闭，客人进电梯后，工作人员也立即进入并站在操控面板前。告诉客人要去的地方（楼层），电梯到达后，按住“开门”按钮，同时用另一只手按住电梯门，确保客人安全走出电梯。
2. 有多位客人时，进出电梯也需要更长的时间。为防止客人被门夹住，工作人员必须先进入电梯站在操控面板前，按住“开门”按钮，同时用另一只手按住电梯门。确认客人均已安全进入电梯后，按“关门”按钮。告诉客人要去的楼层，电梯到达后，请客人先走出电梯。与此同时，和进电梯时一样按住“开门”按钮，同时用另一只手按住电梯门以防止其关闭。

1. Khi khách chỉ đi một mình, thì cả khi vào hay ra thang máy, khách cũng sẽ là người đi trước. Khi khách vào, để cho cửa không bị khép lại, nhân viên nên giữ cửa bằng tay, sau khi khách vào rồi, nhân viên cũng lập tức vào theo và đứng trước bảng điều khiển. Thông báo số tầng sẽ đến, sau khi thang máy đến nơi, một tay bấm giữ nút「開」(Mở), tay còn lại giữ cửa để cho khách ra khỏi thang máy an toàn.
2. Trường hợp khách đi nhiều người, thì cả khi vào thang và khi xuống thang cũng sẽ mất thời gian. Vì thế, để cho khách không bị cửa kẹp, nhân viên phải vào trước, đứng trước bảng điều khiển, một tay bấm giữ nút「開」(Mở), tay còn lại giữ cửa. Sau khi xác nhận khách đã vào an toàn xong thì bấm nút「閉」(đóng). Thông báo số tầng sẽ đến, sau khi thang máy đến nơi, hãy để cho khách xuống trước. Trong thời gian đó, cũng giống như khi vào thang máy, nhân viên sẽ một tay bấm giữ nút「開」(Mở), tay còn lại giữ để cửa không khép lại.

見てみましょう

会話①

見る前に話し合いましょう

1 「お部屋にご案内いたします。おかばんをお持ちいたします」

2 お客さまを誘導するときは、お客さまの斜め前を歩きます。右側に行くときは右手で、左側に行くときは左手で方向を指し示します。まっすぐ行くときは、お客さまとの位置関係によって方向を指し示す手を決めます。お客さまが左側に立っていれば右手で、右側に立っていれば左手で指し示します。示すときは、人差し指だけで指すのではなく、指を揃え、親指を中に入れましょう（→本冊 p.98）。

見た後で確認しましょう

1 「お部屋にご案内いたします。おかばんをお持ちいたします」

2 「ロビーからお部屋へはこちらのエレベーターをご利用ください」

会話②

見る前に話し合いましょう

1 お客さまに「今日は、お仕事ですか」や「ご旅行ですか」などと声をかけたりしましょう。スモールトーク（雑談）からヒントを得て、お客さまへのサービスを考えましょう。スモールトークは、お客さまの情報を知るうえで、とても大切です。

2 「こちらでございます」と部屋を指し示します。そして、ルームキーの使い方を説明します。

見た後で確認しましょう

1 「お部屋は７階でございます」

2 まず「こちらでございます」と言ってから「こちらにキーを差し込みランプが緑に点滅しましたら開くようになっております。ドアはオートロックでございますので、お出かけの際はキーをお持ちになりそのままお出かけください」と説明します。

会話③

見る前に話し合いましょう

1 部屋の設備について案内します。貴重品を入れる金庫、バスルーム、寝室、ルームサービスなどの設備について案内します。例えば、「お部屋の設備をご案内いたします。貴重品などは、こちらの金庫へお入れください。バスルームはこちらで、寝室はこちらでございます。また、ホテル内のサービス、施設案内につきましては、こちらの館内案内をご覧ください」などと案内します。

2 「ごゆっくりお過ごしくださいませ。失礼いたします」

見た後で確認しましょう

1 「お部屋の設備をご案内いたします」

2 「それでは、ご用の際はなんなりとお申し付けくださいませ」、「ごゆっくりお過ごしくださいませ。失礼いたします」

基本練習

問題2

① d—部屋を出るときの挨拶

② c—エレベーターを降りるときの案内

③ e—ロビーから客室へ案内するとき

④ b—部屋の説明が終わったとき

⑤ aーお客さまを部屋に誘導するとき

問題4

①ロビーからお部屋へは、そちらのエレベーターをご利用ください。
②プールへは、あちらのエスカレーターをお使いください。
③会議室へは、こちらをまっすぐお進みください。

問題5

①それでは、お困りの際は何なりとお申し付けくださいませ。
②それでは、何かございましたら何なりとお申し付けくださいませ。
③それでは、何かご不明な点がございましたら何なりとお申し付けくださいませ。

問題6

①ジムは９階でございます。どうぞ。まっすぐお進みください。
②スパは２０階でございます。どうぞ。左へお進みください。
③レストランは3階でございます。どうぞ。まっすぐお進みください。

問題7

①解答例：興味がありそうな近くのおすすめスポットやお土産などを紹介する
②解答例：スタッフに共有し、お部屋にお祝いの花やケーキ、メッセージカードを用意したり、
レストランを利用するのであればサプライズでケーキなどを用意する

問題9

①ご案内お願いします。
②どうぞ。右へお進みください。
③それでは、ご用の際は何なりとお申し付けくださいませ。
④ごゆっくりお過ごしくださいませ。失礼いたします。

応用練習

①

誘導

スタッフ：お部屋にご案内いたします。おかばんをお持ちします。
お客さま：ありがとう。
スタッフ：こちらへどうぞ。
ロビーからお部屋へはこちらのエレベーターをご利用ください。

エレベーターに乗る

スタッフ：お部屋は１２階でございます。どうぞ。右へお進みください。

部屋に到着

スタッフ：こちらでございます。こちらにキーを差し込みランプが緑に点滅しましたら開くよ

うになっております。ドアはオートロックでございますので、お出かけの際はキーをお持ちになりそのままお出かけください。

お客さま：わかりました。

スタッフ：どうぞ。

部屋の説明

スタッフ：お部屋の設備をご案内いたします。バスルームはこちらでございます。
貴重品などは、こちらの金庫へお入れください。
また、ホテル内のサービス、施設案内につきましては、こちらの館内案内をご覧ください。
それでは、ご用の際はなんなりとお申し付けくださいませ。

お客さま：ありがとう。

スタッフ：ごゆっくりお過ごしくださいませ。失礼いたします。

②

誘導

スタッフ：お部屋にご案内いたします。おかばんをお持ちします。

お客さま：ありがとう。

スタッフ：こちらへどうぞ。
ロビーからお部屋へはこちらのエレベーターをご利用ください。

エレベーターに乗る

スタッフ：お部屋は３０階でございます。どうぞ。左へお進みください。

部屋に到着

スタッフ：こちらでございます。こちらにキーを差し込みランプが緑に点滅しましたら開くようになっております。ドアはオートロックでございますので、お出かけの際はキーをお持ちになりそのままお出かけください。

お客さま：わかりました。

スタッフ：どうぞ。

部屋の説明

スタッフ：お部屋の設備をご案内いたします。バスルームはこちらでございます。
貴重品などは、こちらの金庫へお入れください。
また、ホテル内のサービス、施設案内につきましては、こちらの館内案内をご覧ください。
それでは、ご用の際はなんなりとお申し付けくださいませ。

お客さま：ありがとう。

スタッフ：ごゆっくりお過ごしくださいませ。失礼いたします。

第4課

【考えましょう】の解答とキーポイント

ブランケットだけではなく、体温計や白湯などを一緒に持っていくなど、体調がよくないという前提で対応します。

「寒気」と「寒い」とでは意味が異なります。寒気がするということは、体の不調から寒く感じるということです。もしかしたら風邪をひいた、熱があるのではないかということを念頭に置き、行動するようにしましょう。また、薬をお客さまに提供することは、薬事法やアレルギーの観点から控えているところが多いです。

Assume that the person is not feeling well by bringing not only a blanket but also a thermometer, hot water, and other useful items. The meaning of "a chill" is different from that of "cold." Feeling a chill means feeling cold because of a physical disorder. Keep in mind that the guest may have a cold or fever and act accordingly. In addition, many hotels refrain from offering medicines to guests because of pharmaceutical laws and allergies.

不仅送去毯子，考虑到客人可能身体不适，还应一并提供体温计和白开水等。
"发冷"和"寒冷"含义不同。发冷是指因身体不适而觉得冷。应考虑到客人是不是感冒了，有没有发烧，并采取相应的行动。此外，出于药事法的规定和引起过敏的角度，通常不向客人提供药品。

Đưa ra giả định khách không được khỏe để xử lý tình huống, chúng ta không chỉ mang chăn, mà mang theo cả nhiệt kế và nước nóng đến.
Lưu ý là「寒気」(ớn lạnh) và「寒い」(lạnh) có ý nghĩa khác nhau.「寒気がする」có nghĩa là cơ thể cảm thấy ớn lạnh. Các bạn hãy hành động và lưu ý trong đầu rằng khách có thể đang bị cảm, có thể bị sốt. Ngoài ra, phần lớn các cơ sở lưu trú tránh cấp thuốc cho khách vì lo ngại về vấn đề khách bị dị ứng thuốc cũng như liên quan đến luật dược phẩm.

見てみましょう

会話①

見る前に話し合いましょう

1 お客さまの部屋番号や名前を確認します。例えば、「お部屋は、703号室の○○様でよろしいでしょうか」などと言って確認します。

2 「客室係でございます。ブランケットをお持ちいたしました」

見た後で確認しましょう

1 「かしこまりました」

2 「客室係でございます。ブランケットをお持ちいたしました」

会話②

見る前に話し合いましょう

1 「申し訳ございませんでした」とまず謝罪します。そして、部屋番号とお客さまが外出の予定がないかなど、確認します。例えば「1340号室でございますね。すぐにお部屋へお届けいたしますが、これから外出のご予定などはございませんか」などと言って確認します。

2 例えば、快適に過ごせるようにバスローブを一緒に持っていったり、リラックスできるように入浴剤などを持っていきます。その際、「○○様がお風呂上がりの後に少しでも快適に過ごしていただきたいと思いまして、バスローブも一緒にお持ちいたしました。もしよろしければお使いください」などと言います。

見た後で確認しましょう

1 まずは、「申し訳ございませんでした」と謝ります。

2 クレームにつながらないように、バスローブなども一緒に持っていくサービスを行うからです。

基本練習

問題2

① a―お客さまの部屋に着いたとき
② d―再度お客さまに用件を伝えるとき
③ c―これから何をするか伝えるとき
④ b―承知した後、再度謝罪するとき

問題4

①客室係でございます。アメニティをお持ちいたしました。
大変お待たせいたしました。アメニティをお持ちいたしました。
②客室係でございます。充電器をお持ちいたしました。
大変お待たせいたしました。充電器をお持ちいたしました。
③客室係でございます。新しい枕をお持ちいたしました。
大変お待たせいたしました。新しい枕をお持ちいたしました。

問題6

①小川様がお食事の際に少しでもお楽しみいただきたい/楽しんでいただきたいと思いまして、デザートも一緒にお持ちいたしました。もしよろしければ、お召しあがりください。
②小川様がお食事からお戻りの際に少しでもおくつろぎいただきたい/くつろいでいただきたいと思いまして、アロマ加湿器をお持ちいたしました。もしよろしければ、お使いください。

問題8

①大変お待たせいたしました。ブランケットをお持ちいたしました。
②すぐにお部屋へお届けいたしますが、これから外出のご予定などはございませんか。
③本当に申し訳ございませんでした。今後は決してこのようなことがないように十分注意いたします。
④かしこまりました。誠に申し訳ございませんでした。

応用練習

①

[電話がなる]

スタッフ：フロントでございます。

お客さま：すみません。新しい枕がほしいんですけど。

スタッフ：かしこまりました。お部屋は114号室の北川様でよろしいでしょうか。

お客さま：はい。

スタッフ：それでは、係の者がすぐにお部屋までお持ちいたします。

[部屋の前に着く]

スタッフ：客室係でございます。新しい枕をお持ちいたしました。

お客さま：はい。

[客がドアを開ける。ドアの外で]

スタッフ：大変、お待たせいたしました。新しい枕をお持ちいたしました。

お客さま：ありがとう。

②

[電話がなる]

スタッフ：フロントでございます。

お客さま：すみません。加湿器がほしいんですけど。

スタッフ：かしこまりました。お部屋は1014号室の岩沢様でよろしいでしょうか。

お客さま：はい。

スタッフ：それでは、係の者がすぐにお部屋までお持ちいたします。

[部屋の前に着く]

スタッフ：客室係でございます。加湿器をお持ちいたしました。

お客さま：はい。

[客がドアを開ける。ドアの外で]

スタッフ：大変、お待たせいたしました。加湿器をお持ちいたしました。

お客さま：ありがとう。

【考えましょう】の解答とキーポイント

1. 宗教上の理由や、アレルギーで食べることができない食材がないかを確認します。

＊アレルギーに関しては命に関わることですので、よく確認するようにしましょう。そのためには、ルームサービスで提供している料理にはどのような食材が使われているかある程度把握しておくようにしましょう。また、お連れ様が一緒に宿泊されている場合、料理を取り分ける前提で、小皿やグラスを人数分用意して持っていきましょう。

2. お客さまに宿泊者以外の人が部屋に入ることはできない（宿泊できない）ということをきちんと伝えましょう。その場合、ただ「だめです」と言うのではなく、きちんと理由も一緒に伝えたうえで、理解して納得してもらうことが大切です。納得しないと不満だけが残ります。

＊ほとんどのホテルでは利用規約や約款などに、宿泊者以外の人の出入りを禁止することを書かれています。ホテル側は宿泊するお客さまを管理する義務があり、火事や災害など何か起きた際には保険が関係してきます。また、消防法の観点から、部屋ごとに何名まで宿泊できるのかが決まっています。しかし、お客さまは規約や約款などをすべて読んでいるわけではないのが現状です。そのため、なぜだめなのかということを知らないことが多いです。まずは「セキュリティ上の理由から」や、「お客さまに安心して宿泊していただくために」などと伝え、理解してもらいましょう。

1. Check to see if there are any foods that cannot be eaten due to religious reasons or allergies.

＊ Regarding allergies, be sure to check them carefully, as they can be life-threatening. You must therefore have an understanding of what ingredients are used in the food served by room service. If they are staying with companions, prepare and bring small plates and glasses for the number of people who will be sharing the food.

2. Make sure to inform guests that no one other than the guests is allowed to enter (or stay in) the room. In such cases, it is important not just to say "no," but to give a clear reason and make sure that the person understands and agrees. If they are not convinced, they will remain dissatisfied.

＊ Most hotels have written in their terms and conditions of use or general terms that people other than guests are not allowed to enter the room. The hotel is obligated to manage the guests who stay at the hotel, and this may involve matters of insurance in the case of something happening, such as a fire or disaster. Furthermore, from the standpoint of Fire Service Law, the number of people who can be accommodated in each room is fixed. However, guests do not always read all the terms and conditions. Therefore, they often do not understand why this isn't allowed. First, tell them "for security reasons" or "to make our guests feel safe and secure during their stay," and make sure they understand.

1. 确认有没有因宗教原因或过敏而不能食用的食材。

＊过敏会危及生命，一定要仔细确认。为此，对于客房服务提供的餐品都使用了什么食材应当有一定程度的了解。如果客人与同伴一起入住，考虑到分餐的可能，应准备好与人数对应的小盘子和杯子一并送到客房。

2. 明确告知客人，除住宿者外，其他人不得进入房间（不能住宿）。在这种情况下，不能只是说“不可以”，重要的是明确告知原因，获得客人的理解和认可。如果客人不认可，只会留下不满意的印象。

＊大多数酒店都在使用规章和条款等写明禁止非住宿者进出。酒店有义务对入住的客人进行管理，发生火灾或灾难等情况时会牵涉到保险赔偿。此外，从消防法的角度来看，每个房间可容纳的人数是有规定的。然而现实是客人并不会阅读规章和条款等的全部内容。因此，他们往往不知道为什么不能这样做。首先告诉客人这是“出于安全原因”以及“为了让客人放心入住”等，获得客人的理解。

1. Xác nhận với khách xem có thực phẩm nào khách không dùng được với lý do về mặt tôn giáo hoặc bị dị ứng hay không.

＊Dị ứng liên quan đến tính mạng con người vì vậy hãy xác nhận thật kỹ nhé. Vì lẽ đó, bạn phải nắm được ở một mức độ nào đó xem trong thức ăn mang đến phục vụ tại phòng có những nguyên liệu nào. Ngoài ra, trong trường hợp khách trọ cùng với gia đình, chúng ta cứ đặt giả thiết là khách sẽ chia thức ăn, nên hãy chuẩn bị thêm dĩa nhỏ và cốc theo số người

2. Thông báo cho khách rõ rằng ngoài khách lưu trú ra, không cho phép người ngoài vào phòng (không thể trọ lại). Trong trường hợp đó, không thể chỉ nói rằng「だめです」(không được), mà phải nói cả lý do rõ ràng, để cho khách hiểu rõ là điều quan trọng. Nếu khách không hiểu thì khách sẽ cảm thấy bất mãn.

＊Hầu hết ở các khách sạn, trên các điều khoản, quy định sử dụng đều có viết việc cấm những người không phải là khách trọ của khách sạn ra vào phòng. Về phía khách sạn có nghĩa vụ phải quản lý khách trọ lại trong khách sạn của mình, trong trường hợp xảy ra thiên tai, hỏa hoạn sẽ liên quan đến bảo hiểm. Ngoài ra, trong mỗi phòng được ở tối đa đến bao người phải tuân theo quy định của luật phòng cháy chữa cháy. Tuy nhiên, thực trạng hiện nay là không phải khách hàng nào cũng đọc hết các điều khoản, quy định. Vì thế, nhiều người không hiểu rõ tại sao lại không được cho người ngoài trọ lại. Vì vậy chúng ta nên giải thích cho khách hiểu "vì lý do an ninh" và "để cho quý khách có thể yên tâm trọ lại"...

見てみましょう

会話①

見る前に話し合いましょう

1 「お電話ありがとうございます」や「お電話ありがとうございます。ルームサービスでございます」と言って電話に出ます。

2 まずは部屋の番号や名前を確認します。例えば「890号室の○○様でございますね。ご注文を承ります」と確認してから注文を聞きます。

見た後で確認しましょう

1 注文内容に間違いがないか、確認をします。

2 「ご注文の内容は、ビーフシチューがお２つ、赤ワインのボトルを１本ですね。グラスはお２つでよろしいでしょうか」と注文の内容を確認します。

会話②

見る前に話し合いましょう

1 「ルームサービスでございます」

2 「ごゆっくりお召しあがりください」と言ってから「他に何かございましたら、お申し付けください。失礼いたします」と言っておじぎをします。

見た後で確認しましょう

1 「お料理をテーブルへセットしてもよろしいでしょうか」と言ってセットしていいか、確認します。

2 「お待たせいたしました」

基本練習

問題2

① b－お客さまに確認するとき
② d－料理をセットしおわったとき
③ c－部屋を出るときの挨拶
④ e－お客さまのオーダーを受けるとき
⑤ a－部屋の前まで料理を持ってきたとき

問題4

①お電話ありがとうございます。1050号室の比嘉様でございますね。ご注文を承ります。
②お電話ありがとうございます。672号室の金城様でございますね。ご注文を承ります。
③お電話ありがとうございます。305号室の水谷様でございますね。ご注文を承ります。

問題5

①３０分以内にお持ちできるかと存じます。
②３０分以内にお作りできるかと存じます。

③３０分以内にお答えできるかと存じます。

問題6

①ご注文の内容は、ミックスナッツが3つ、瓶ビールを1本ですね。
グラスは3つでよろしいでしょうか。
②ご注文の内容は、ナポリタンがお1つ、ミックスピザがお1つ、コーラをお2つですね。
グラスはお2つでよろしいでしょうか。
③ご注文の内容は、チキンカレーがお1つ、焼酎のボトルを1本ですね。
グラスはお1つでよろしいでしょうか。

問題9

①ご注文の内容は、ビーフシチューがお2つ、赤ワインのボトルを1本ですね。
グラスはお2つでよろしいでしょうか。
②室内へお運びしてもよろしいでしょうか。
③ごゆっくりお召しあがりください。他に何かございましたら、お申し付けください。
失礼いたします。

応用練習

①

[電話がなる]

お客さま：ルームサービスお願いします。
スタッフ：お電話ありがとうございます。709号室の北川様でございますね。
ご注文を承ります。
お客さま：ステーキとサラダセット２つ、赤ワインのボトル１本とチョコレートケーキを２つお願いします。
スタッフ：ご注文の内容は、ステーキとサラダセットをお２つ、赤ワインのボトル１本とチョコレートケーキをお２つですね。
グラスはお２つでよろしいでしょうか。
お客さま：はい。何時に届きますか。
スタッフ：３０分以内にお届けできるかと存じます。
お客さま：わかりました。では、お願いします。
スタッフ：かしこまりました。では、失礼いたします。

②

[電話がなる]

お客さま：ルームサービスお願いします。
スタッフ：お電話ありがとうございます。1518号室の岩沢様でございますね。
ご注文を承ります。
お客さま：枝豆とグリルチキンを１つ、瓶ビールを２本お願いします。

スタッフ：ご注文の内容は、枝豆とグリルチキンをお１つ、瓶ビールを２本ですね。
　　　　　グラスはお１つでよろしいでしょうか。
お客さま：はい。何時に届きますか。
スタッフ：３０分以内にお届けできるかと存じます。
お客さま：わかりました。では、お願いします。
スタッフ：かしこまりました。では、失礼いたします。

第6課

【考えましょう】の解答とキーポイント

1. まずは、ホテル周辺でどのような観光地があるのかを伝えましょう。そのうえで、お寺や神社に興味があるのか、美術館や博物館に興味があるのか、お客さまがどんなものに興味があるのかを探っていきます。時間に限りがありますので、一つの場所でゆっくりしたいのか、なるべく多くの観光地を回りたいのかも確認するといいでしょう。時間に制限があるお客さまには余裕をもったスケジュールで案内をするようにします。その他、移動手段（徒歩、タクシー、電車、バスなど）や、料金なども案内できると親切です。

＊観光地といっても、実際に見て楽しむもの、体験して楽しむものなどさまざまです。お客さまがどのようなものに興味があるのか、希望に添えるように確認することが大切です。そのために、日頃からさまざまな情報を収集し、自分自身がその場に行って確認することで、より正確で具体的な情報を提供できるのです。また、提案するときにはいくつか選択肢があるとお客さまが選ぶことができるのでいいでしょう。

2. 誕生日ケーキの用意やお部屋の空間などの演出ができるようであれば、できることを伝えます。ホテルとしてすべてできる訳ではありませんので、最大限お客さまの希望に添えるように何ができるのかを伝えましょう。

＊あくまでもホテルスタッフは協力者という位置付けです。自分の勝手な価値観を押し付けたり、行動したりすることは逆にお客さまにとって迷惑になることがあります。そのためにも、お客さまとよくコミュニケーションをとって進めていくことが大切です。

1. First, tell them about tourist attractions in the vicinity of the hotel. We then try to find out what kind of things guests are interested in; temples and shrines, or art galleries and museums. Since time is limited, it is a good idea to check whether they want to spend more time in one place or visit as many tourist attractions as possible. For guests with time constraints, try to provide a schedule that allows them ample time. In addition, it is also helpful to provide information on means of transportation (walking, cab, train, bus, etc.) and charges for them.

* Tourist attractions wildly vary, including those that can be enjoyed by seeing them, and those that can be enjoyed by experiencing them. It is important to confirm where guests interests lie, in order to meet their wishes. To this end, gather a variety of information on a daily basis, and go to the places yourself to confirm the information, in order to provide more accurate and specific information. It is also good to have several options when making a proposal so that the guest can choose between them.

2. Let them know what you can do, such as prepare a birthday cake or decorate a room in a certain way. As a hotel, we cannot do everything; let them know what we can do to fulfill their wishes to the greatest possible extent.

* Hotel staff should only be positioned as collaborators. Imposing one's own selfish values or behavior may conversely be a nuisance to the guest. To this end, it is important to proceed through good communication with guests.

1. 首先告诉客人酒店附近有哪些旅游景点。然后尝试了解客人对什么感兴趣，是对寺庙和神社感兴趣，还是对美术馆和博物馆感兴趣。由于时间有限，所以还可以和客人确认是想在一个地方慢慢逛，还是想尽可能多游览几个旅游景点。确保能为时间有限的客人安排一个轻松从容的时间表。如果能提供其他信息，例如交通方式（步行、出租车、电车、公交车等）及费用等信息，也很加分。

＊旅游景点实际上也分为观赏型和参与型等不同的类型。重要的是确认客人对什么感兴趣，尽可能满足客人的愿望。为此，平日里可以收集各种信息，并亲自到现场确认，以提供更准确、更具体的信息。此外，在提出建议时，最好能提供多个选项，以便客人选择。

2. 告知客人酒店可以做的事情，比如可以准备生日蛋糕和装饰房间等。酒店方面不可能什么事情都做得到，所以请告诉客人，酒店能做些什么来最大限度地满足客人的愿望。

＊酒店工作人员终归只是协助者。将自己的价值观强加于人或按自己的想法采取行动，反而会给客人造成困扰。也出于这方面的原因，与客人充分沟通之后再落实推进是非常重要的。

1. Trước hết, nên nói cho khách nghe xung quanh khách sạn có những địa điểm tham quan nào. Sau đó, sẽ tìm hiểu xem khách có quan tâm đến chùa chiền, đền thờ thần đạo, hay là khách có quan tâm đến bảo tàng mỹ thuật hoặc nhà bảo tàng. Vì thời gian có hạn, nên phải xác nhận xem khách muốn thong thả tham quan một địa điểm, hay muốn tham quan nhiều địa điểm trong khả năng có thể. Đối với những khách hàng có hạn chế về thời gian, hãy hướng dẫn khách với lịch trình linh hoạt. Ngoài ra, sẽ rất hữu ích nếu như có thể hướng dẫn thêm cho khách về phương tiện đi lại (đi bộ, taxi, xe điện, xe buýt...) và giá tiền

＊ Nói là nơi tham quan, nhưng cũng có nhiều loại, có nơi thực tế đến xem và tận hưởng nhưng cũng có những nơi đến để trải nghiệm và tận hưởng. Vì thế, việc xác nhận xem khách quan tâm đến những nơi như thế nào để đáp ứng được mong muốn của khách là điều quan trọng. Để đạt được điều này, thì hằng ngày cần phải thu thập nhiều thông tin, bằng việc chính tự mình đi đến nơi đó để xác nhận thì sẽ cung cấp được cho khách hàng thông tin một cách cụ thể chính xác hơn. Ngoài ra, khi đưa ra đề xuất cho khách, cần đưa ra nhiều phương án để khách có thể chọn lựa sẽ tốt hơn.

2. Nếu có thể chuẩn bị bánh sinh nhật hay trang trí phòng được thì hãy nói với khách để khách biết. Hãy nói với khách bởi vì khách sạn thì không thể làm được hết mọi thứ,vì vậy chúng tôi sẽ cố gắng hết sức trong khả năng của mình để đáp ứng tối đa nguyện vọng của khách quý khách.

＊ Nhân viên khách sạn suy cho cùng thì luôn ở vị trí là người hỗ trợ. Vì thế, việc tùy tiện hành động hay áp đặt giá trị quan của mình có thể sẽ gây phiền hà cho khách. Vì thế, điều quan trọng là phải giao tiếp với khách hàng rồi tiến hành là điều quan trọng.

見てみましょう

会話①

見る前に話し合いましょう

1 どんな料理がいいか、予算はあるか、そして食べられないものはあるかなど事前に確認しておきます。例えば、「お料理やご予算など何かご希望はございますか」などと聞くと良いです。

2 席が空いているかレストランに確認をするという提案をすることが一歩進んだ心配りになります。また、お客さまがその提案を断りやすいように「もしよろしければ」と前置きをしておきます。例えば、「もしよろしければ、お席が空いているか確認いたしましょうか」と言います。

見た後で確認しましょう

1 食べ物の好み（何が好きか）や予算を確認しておくことが大切です。

2 お客さまが特に要望を言わなくても、お客さまの気持ちを察し、お客さまに喜んでもらえるように一歩進んだ応対をします。ただ、レストランを案内するだけではなく、お客さまの要望がなくても、混んでいるかもしれないので、席が空いているか確認したり、予約したりします。このような行動が「一歩進んだ心配り」です。ただし、これらの応対が押し付けにならないよう、お客さまが選択できる、もしくは断ることができるような言い方で提案することが大切です。

会話②

見る前に話し合いましょう

1 「佐藤様、何かお探しでいらっしゃいますか」や「佐藤様、いかがなさいましたか」と声をかけるといいでしょう。

2 「ただいま、お調べいたしますので、こちらで少々お待ちいただけますでしょうか」と言います。ただ、「こちらで少々お待ちいただけますでしょうか」と言うだけではなく、スタッフが何をするか、その理由（「お調べいたしますので」）を述べてから待ってもらうことが大切です。

見た後で確認しましょう

1 「かしこまりました」や「承知いたしました」
スタッフは客の（紙袋を探して欲しいという）要望を理解し、「かしこまりました」と言います。お客さまは、このように自分の要望をはっきり言わないことがありますので、要望を察することが必要です。

2 まず、「〇〇様、大変お待たせいたしました」と言います。

基本練習

問題2

① b—お客さまに待ってもらうとき
② a—お客さまに情報を伝えるとき
③ d—一歩進んだ応対をするとき
④ c—お客さまに声をかけるとき

問題4

①お取りいただけますでしょうか。
②お座りいただけますでしょうか。/おかけいただけますでしょうか。
③ご連絡いただけますでしょうか。
④ご確認いただけますでしょうか。
⑤お読みいただけますでしょうか。/ご覧いただけますでしょうか。

問題5

①この近くですと、レストラン・コンチェルトがございます。
当ホテルから徒歩5分ほどの距離でございます。
②駅の近くですと、北京亭がございます。駅から徒歩1分ほどの距離でございます。
③博物館の近くですと、あさと食堂がございます。博物館から車で2分ほどの距離でございます。

問題6

①ホテル正面玄関を出て、すぐ右にお曲がりください。
最初の信号を右に曲がりますと左側にございます。
②ホテル正面玄関を出て、まっすぐお進みください。
2つ目の信号を左に曲がりますと右側にございます。
③ホテル正面玄関を出て、左にお曲がりください。
そのまままっすぐ進んで、交差点を右に曲がりますと左側にございます。

問題7

解答例：この近くですと、寿司屋「ふじ」がございます。当ホテルから歩いて5分ほどの距離でございます。
ホテル正面玄関を出てすぐ右にお曲がりください。最初の信号を左に曲がりますと右側にございます。

解答例：この近くですと喫茶店「ドルチェ」がございます。当ホテルから徒歩３分の距離でございます。
ホテル正面玄関を出てすぐ左にお曲がりください。最初の交差点を右に曲がって、信号をまっすぐお進みいただくと右側にございます。

①-1　この近くですと「鈴木屋」がございます。当ホテルから歩いて10分ほどの距離でございます。

ホテル正面玄関を出て最初の信号をまっすぐお進みください。次の交差点を右に曲がっていただいて、2つ目の信号を左にお曲がりください。そのままお進みいただくと左側にございます。

①-2　この近くですと「すーべにあ」がございます。当ホテルから徒歩4分ほどの距離にございます。ホテル正面玄関を出てすぐ左にお曲がりください。最初の交差点をまっすぐお進みください。3つ目の信号を左に進んでいただき、つきあたりを右に曲がると左側にございます。

②　この近くですと西洋美術館がございます。当ホテルから徒歩10分ほどの距離にございます。ホテル正面玄関を出てすぐ右にお曲がりください。最初の交差点を右に曲がり、そのまままっすぐお進みください。郵便局の角を右に曲がると左側にございます。

③　この近くですと東洋博物館がございます。当ホテルから徒歩１5分の距離でございます。ホテル正面玄関を出てまっすぐお進みください。2つ目の交差点を右に曲がり、まっすぐお進みください。4つ目の信号を左に曲がっていただくと正面にございます。

問題8

解答例：席が空いているかの確認、営業時間の確認、目的地までの行き方の確認など

問題9

①◯◯様、何かお探しでいらっしゃいますか。

②紙袋お1つでございますね。

③かしこまりました。
ただいま、お調べいたしますので、こちらで少々お待ちいただけますでしょうか。

④もしよろしければ、お席が空いているか確認いたしましょうか。

応用練習

①

お客さま：すみません、この近くでおすすめのレストランはありますか。

スタッフ：はい、すぐにお調べします。お料理やご予算など何かご希望はございますか。

お客さま：そうですねー、シーフードがいいかな。今日は妻の誕生日なので、夜景がきれいなところがいいな。

スタッフ：それはおめでとうございます。この近くですと、レストラン・デ・ヴィラがございます。当ホテルから徒歩3分ほどの距離でございます。

お客さま：じゃあ、そこに行ってみようかな。そこまでどうやって行ったらいいの？

スタッフ：ホテル正面玄関を出て左にお曲がりください。最初の信号を右に曲がりますと右側にございます。もしよろしければ予約ができるか確認いたしましょうか。

お客さま：じゃあお願いします。

スタッフ：かしこまりました。確認いたしますので、少々お待ちください。

お客さま：ありがとう。

②

お客さま：すみません、この近くでおすすめのレストランはありますか。

スタッフ：はい、すぐにお調べします。お料理やご予算など何かご希望はございますか。

お客さま：そうですねー、和食がいいかな。今日は夫の誕生日なので、お酒の種類が多いところがいいな。

スタッフ：それはおめでとうございます。この近くですと、割烹さくらがございます。当ホテルから徒歩3分ほどの距離でございます。

お客さま：じゃあ、そこに行ってみようかな。そこまでどうやって行ったらいいの？

スタッフ：ホテル正面玄関を出てまっすぐお進みください。交差点を左に曲がりますと左側にございます。もしよろしければお席が空いているか確認いたしましょうか。

お客さま：じゃあお願いします。

スタッフ：かしこまりました。確認いたしますので、少々お待ちください。

お客さま：ありがとう。

第7課

【考えましょう】の解答とキーポイント

確認する時間が必要なため、電話をつないだままお客さまを待たせないようにします。そのためホテル側から再度電話をする旨を伝え、お客さまの名前と電話番号を確認しましょう。名前はフルネームで確認しましょう。その後、部屋に行って直接探したり、忘れ物として届いていないか確認したりします。見つかった場合でもそうでない場合でも、必ずお客さまに電話をして伝えます。

Do not keep a guest waiting on the phone because you need time to confirm. Confirm the guest's name and phone number and tell them that the hotel will call them back. Make sure you confirm their full name. You then go to the room and look for it in person, and check to see if it has been handed in as a forgotten item. Whether the article is found or not, always call the guest to let them know.

确认情况需要一定时间，所以不要让客人在电话接通的状态下等待。因此，应告知客人酒店方面会再次致电，并确认客人的姓名和电话号码。姓名应当是全名。然后，直接到房间里寻找，或确认是否有人捡到并送到前台。无论找到与否，都必须打电话告诉客人。

Vì cần có thời gian để xác nhận, nên đừng để khách phải chờ đợi trên điện thoại. Vì vậy, hãy nói với khách là khách sạn sẽ gọi lại, rồi hỏi tên và số điện thoại của khách. Hãy xác nhận đầy đủ họ tên của khách, sau đó, đi đến phòng, trực tiếp tìm kiếm, xác nhận xem có đồ để quên được chuyển đến hay không. Cho dù có tìm thấy hay không tìm thấy, nhất định phải điện thoại báo cho khách.

見てみましょう

会話①

見る前に話し合いましょう

1 ゆっくり休めたか、聞きます。「〇〇様、昨日はゆっくりお休みいただけましたか」などと笑顔で聞きましょう。

2 お客さまの次のお越しを待っているという願いを込めるからです。

見た後で確認しましょう

1 「追加のお支払いはございません。こちらは領収書でございます」と言って渡します。

2 「ご利用ありがとうございました。またお待ちしております。お気をつけて行ってらっしゃいませ」と笑顔で言い、おじぎをします。

会話②

見る前に話し合いましょう

1 スタッフはお客さまのタクシーを呼んでもらいたいという要望を察することが大切です。お客さまがなぜ、「タクシーに乗りたいんですが……」と言いにきたのか、わからないときは、「タクシーをお呼びしましょうか」などと確認をするといいでしょう。

2 「行き先はお決まりでしょうか」と言い、行き先を確認します。

見た後で確認しましょう

1 「ただいま、お呼びいたしますので、そちらの椅子におかけになって、お待ちください」と言います。ただ、「お待ちください」と言うだけでは、十分ではありません。なぜ、待つのかその理由を伝え、どこで待つのか、具体的に伝えた方が良いです。

2「大変お待たせいたしました。タクシーが参りました。どうぞ」と言い、タクシー乗り場まで案内します。

基本練習

問題2

① b一朝、お客さまに会ったとき
② c一お客さまを見送るとき
③ a一明細書の確認をお願いするとき
④ d一タクシーが来たことを伝えるとき

問題4

①お客さま：１５時の特急に乗りたいんですが。
　スタッフ：承知いたしました。〇〇様ですね。ただいま、お調べいたしますので、そちらの椅子におかけになって、お待ちください。
②お客さま：荷物を送りたいんですが。
　スタッフ：承知いたしました。〇〇様ですね。ただいま、お手続きいたしますので、そちらの椅子におかけになって、お待ちください。
③お客さま：両替したいんですが。
　スタッフ：承知いたしました。〇〇様ですね。ただいま、準備いたしますので、そちらの椅子におかけになって、お待ちください。

問題5

①大変お待たせいたしました。シャトルバスが参りました。どうぞ。
②大変お待たせいたしました。係の者がご案内いたします。どうぞ。
③大変お待たせいたしました。ルームチェンジの手続きが完了いたしました。どうぞ。
④大変お待たせいたしました。お部屋の準備が整いました。どうぞ。

問題6

①解答例：お客さまが部屋のタイプを変更したいのか確認する
②解答例：どのようなラーメンが食べたいか確認し、希望に合うお店を案内する
③解答例：送れる荷物か確認し、コンシェルジュデスクや荷物が送れるところを案内する
④解答例：どのようなお土産がいいか確認し、案内する（どんなお土産、誰にあげる、好き嫌いなど）

問題8

①〇〇様、ゆっくりお休みいただけましたか。
②ご利用ありがとうございました。またお待ちしております。お気をつけて行ってらっしゃいませ。
③今回のご利用について、明細書をご確認いただけますでしょうか。
④大変お待たせいたしました。タクシーが参りました。どうぞ。

応用練習

①

お客さま：ホテルのリムジンバスに乗りたいんですが……。

スタッフ：承知いたしました。村上様ですね。ただいまお手続きいたしますので、そちらの椅子におかけになってお待ちください。行き先はお決まりでいらっしゃいますか。

お客さま：はい、名古屋駅まで。

スタッフ：かしこまりました。バスが参りましたら、お呼びいたします。

お客さま：ありがとう。

[しばらくして]

スタッフ：大変お待たせいたしました。バスが参りました。どうぞ。

お客さま：あ、ありがとう。

②

お客さま：荷物を送りたいんですが……。

スタッフ：承知いたしました。大谷様ですね。ただいま担当の者を呼んでまいりますので、そちらの椅子におかけになってお待ちください。送るお荷物はお決まりでいらっしゃいますか。

お客さま：はい、スーツケース２つとお土産です。

スタッフ：かしこまりました。準備が整いましたら、お声がけいたします。

お客さま：ありがとう。

[しばらくして]

スタッフ：大変お待たせいたしました。準備が整いました。どうぞ。

お客さま：あ、ありがとう。

第8課

【考えましょう】の解答とキーポイント

1. ここでは、皆さんの体験を共有しましょう。
   さまざまな体験を共有することで、自分とは異なる価値観に気づくことが重要です。

2. ●スタッフに関すること
   （言葉遣いが悪い、対応に時間がかかる、希望を聞いてくれないなど）
   ●施設に関すること
   （Wi-Fiの電波が弱い、つながらない、部屋が狭い、お湯が出ない、部屋が臭い、お風呂が汚れている、ハンガーが足りない、景色が悪いなど）
   ●その他
   （サービスが悪い、料理が口に合わない、隣の部屋がうるさい、エレベーターがなかなか来ないなど）

1. Share your experiences here. It is important to become aware of values that are different from your own by sharing a variety of experiences.
2. ● Relating to staff
   (Poor language, slow to respond, not listening to what you want, etc.)
   ● Relating to facilities
   (Weak/no Wi-Fi signal, small room, no hot water in the bathroom, room smells, bathroom is dirty, not enough hangers, bad view from the room, etc.)
   ● Others
   (Bad service, food not to liking, noisy neighbors, elevators taking a while to come, etc.)

1. 在这里分享各位的经验。通过分享不同的经验来发现和自己不一样的价值观非常重要。
2. ●与工作人员有关的事项
   （措词不当、处理问题很慢、不听我的要求等）
   ●与设施有关的事项
   （Wi-Fi信号弱/连不上、房间小、没有热水、房间有异味、浴室很脏、衣架不够、视野不佳等）
   ●其他
   （服务差、餐品不合口味、隔壁房间很吵、电梯一直不来等）

1. Ở đây sẽ chia sẻ những trải nghiệm của các bạn. Nhận ra giá trị quan khác với mình thông qua việc chia sẻ nhiều kinh nghiệm là điều quan trọng.
2. ● Liên quan đến nhân viên khách sạn
   (Cách sử dụng từ ngữ không tốt, mất nhiều thời gian khi xử lý công việc, không nghe nguyện vọng của khách v.v…)
   ● Liên quan đến cơ sở thiết bị
   (Sóng Wi-fi yếu/ không thể kết nối, phòng hẹp, nước nóng không chảy, phòng có mùi, bồn tắm bẩn, móc treo thiếu, cảnh sắc nghèo nàn v.v…)
   ● Những vấn đề khác
   (Phục vụ không tốt, thức ăn không vừa miệng, phòng bên cạnh ồn ào, thang máy chậm đến...)

見てみましょう

会話①

見る前に話し合いましょう

1 「さようでございますか」、「さようでしたか」

2 まず、「ご迷惑をおかけいたしまして、誠に申し訳ございません」と謝罪をします。他には、「ご不便をおかけして」や「ご不快な思いをさせて」など、謝る理由も言うといいでしょう。

見た後で確認しましょう

1 共感してから謝罪を言います。「さようでございますか」と共感してから、「お休みのところご迷惑をおかけいたしまして、誠に申し訳ございません」と謝罪します。

2 迅速な対応は「ただちに」という前置きを言ってから、「○○○○お調べいたします」と行動表明を言います。

会話②

見る前に話し合いましょう

1 「お客さま、大変申し上げにくいのですが、」と言ってからお客さまからのクレーム内容を伝えます。

2 上の階の部屋がうるさいというクレームであれば、他の部屋を用意すると提案してみます。例えば、「そこで、同じ階に別のお部屋をご用意いたしましたので、せめて、お休みになる間だけでもご利用いただけないでしょうか」と提案してみます。

見た後で確認しましょう

1 同じ階の部屋を用意するという提案をしました。

2 「私は本日当直でおりますので、また何か気になることがございましたら、いつでもご連絡くださいませ」、「それでは、お休みなさいませ」

基本練習

問題2

① b—解決のための迅速な応対

② a—クレームに対する対処後の状況報告

③ c—お客さまが納得した後のフレーズと挨拶

④ d—傾聴と謝罪

⑤ e—一歩進んだ提案のうかがい

問題4

①お客さま：すみません。もっとエレベーターに近い部屋にしてほしいんですけど、なんとかしてもらえませんか。

スタッフ：さようでございますか。
ご不便をおかけいたしまして、誠に申し訳ございません。

②お客さま：すみません。部屋の前の廊下にゴミが落ちてるんですけど、なんとかしてもらえませんか。

スタッフ：さようでございますか。
ご不快な思いをさせてしまい、誠に申し訳ございません。

③お客さま：すみません。予約した部屋と違うんですけど、なんとかしてもらえませんか。

スタッフ：さようでございますか。
ご面倒をおかけいたしまして、誠に申し訳ございません。

問題5

①お客さま、大変申し上げにくいのですが、書類に不備がございました。
新しい書類をフロントに準備いたしました。

②お客さま、大変申し上げにくいのですが、上の階で水漏れがございました。
別のお部屋をご用意いたしました。

③お客さま、大変申し上げにくいのですが、当ホテルには駐車場がございません。
近くのコインパーキングをお調べいたしました。

問題7

①さようでございますか。お休みのところご迷惑をおかけいたしまして、誠に申し訳ございません。

②ただちに、上の階に行ってお調べいたします。しばらくお待ちいただきますが、お調べした後、折り返しお部屋にご連絡いたしましょうか。

③お客さま、大変申し上げにくいのですが、上の階で数名集まって騒いでいたお部屋がございました。

④私は本日当直でおりますので、また何か気になることがございましたら、いつでもご連絡くださいませ。それでは、お休みなさいませ。

応用練習

①

クレームを受ける

お客さま：すみません。床が濡れているんですけど、なんとかしてもらえませんか。

スタッフ：さようでございますか。お休みのところご迷惑をおかけいたしまして、誠に申し訳ございません。ただちにお調べいたします。
しばらくお待ちいただきますが、お調べした後、折り返しお部屋にご連絡いたしましょうか。

お客さま：はい、お願いします。

状況報告

お客さま：もしもし、どうでしたか。

スタッフ：お客さま、大変申し上げにくいのですが、上の階で水漏れがございました。
業者に連絡して修理を依頼いたしました。ただ、修理まで今しばらくお時間がかかると思います。
そこで、スイートルームのお部屋をご用意いたしましたので、せめてこれからだけでもご利用いただけないでしょうか。
もちろん追加料金などは結構でございます。遅い時間にこのようなお願いをして大変申し訳ございませんが、いかがでしょうか。

お客さま：そこまではしなくていいですよ。もう寝ますので大丈夫です。

スタッフ：かしこまりました。私は本日当直でおりますので、また何か気になることがございましたら、いつでもご連絡くださいませ。それでは、お休みなさいませ。

②

クレームを受ける

お客さま：すみません。ルームサービスが遅いんですけど、なんとかしてもらえませんか。

スタッフ：さようでございますか。お休みのところご迷惑をおかけいたしまして、誠に申し訳ございません。ただちに確認いたします。
しばらくお待ちいただきますが、お調べした後、折り返しお部屋にご連絡いたしましょうか。

お客さま：はい、お願いします。

状況報告

お客さま：もしもし、どうでしたか。

スタッフ：お客さま、大変申し上げにくいのですが、オーダーの連絡に間違いがございました。オーダーの内容を確認し、厨房にも確認いたしました。ただ、お部屋にお持ちできるまであと１5分ほどお時間がかかると思います。
そこで、フルーツをご用意いたしましたので、せめてお食事をお待ちいただく間だけでも召しあがっていただけないでしょうか。
こちらは当ホテルの気持ちでございます。遅い時間にこのようなお願いをして大変申し訳ございませんが、いかがでしょうか。

お客さま：そこまではしなくていいですよ。もう大丈夫ですので。

スタッフ：かしこまりました。私は本日当直でおりますので、また何か気になることがございましたら、いつでもご連絡くださいませ。それでは、お休みなさいませ。

HOTEL
ホテルの
日本語